DEAMBULATORIO

Primera edición: noviembre 2023

info@preguntaediciones.com
www.preguntaediciones.com

ISBN: 978-84-19766-28-1
Depósito legal: Z-2044-2023

Printed in Spain. Impreso en España por Estilo Estugraf Impresores

Miguel Ángel Ortiz Albero

DEAMBULATORIO

Torrero, estación mental

[seguido de algunos Apéndices
sobre las Artes del Caminar]

PREGUNTA

Índice

A la manera en que el caminante de Pessoa
recorre, como te leo, el sendero antes de la curva,
en el tiempo en que hay, nos dice, la suficiente belleza
para estar en el lugar en que se está y no en otro,
así caminamos nosotros, Marta, ahora y siempre juntos.

Por eso, son tuyas también estas palabras.

TORRERO,
ESTACIÓN MENTAL

Sobre el mapa, una geografía personal lo es por lo difuso de sus trazados. Los míos, los trazados de mi geografía personal, son si cabe más difusos aún. Es más, ni siquiera creo que sean míos. Seguramente tienen algo de asimilados, o de adquiridos, o de adoptados, bien sea por mi historia íntima, por el momento en que hoy los recorro o por las lecturas que me permiten modificarlos a cada paso. Ignoro si camino por Torrero, Venecia, San José o La Paz, y lo ignoro porque me es absolutamente indiferente. No hay demarcaciones geográficas o políticas precisas. Sólo imprecisas, pero certeras. El territorio al que he decidido llamar Torrero, es un territorio mental por el que me dejo llevar. Dice el poeta Jordi Doce que la del flâneur *es una actitud de atención relajada, o de relajo atento. Su predisposición natural es a perderse. Y lo hace distraído, resistente al ser traído y llevado por obligaciones o compromisos. La distracción y el saberme perdido son elementos que me permiten orientarme de un modo parcial e interesado, en función de esos lugares imantados que mueven nuestros pasos. Tal vez haya en ello una lógica poética, casi seguro, que disuelve la necesidad de un final, de un destino, de una conclusión. Sólo me interesa el momento del pasear, el presente y no la sombra retrospectiva de las conclusiones. De ahí que, aunque puedan aparecer en estos textos momentos de otro tiempo, rechace la nostalgia en favor de la inmediatez. Lo que fue no es ya, y lo que es ahora es lo que tengo, lo que se me ofrece, aquello de lo que me lleno los bolsillos, lo que acepto en el deambular diario. El hallazgo, connatural a quien pasea, sólo tiene el sentido del deslumbramiento, del fogonazo, de lo inmediato. Del presente. No hay aquí voluntad alguna de explicar, de divulgar de analizar, tan sólo de narrar, y, aún más, tan sólo narrar lo parcial de cada mínimo paso dado por este territorio mental que recorro a diario. Y no lo hago exclusivamente paseando, no, sino también mediante la lectura, una lectura igualmente distraída y azarosa, diagonal, si se quiere, pero intencionada. También se zigzaguea por los libros. Leer es vagar, dice Pascal Quignard, hay en la lectura una espera que no busca resultado. Y quien quiere saber a cualquier precio a dónde va, añade, no debe leer. El lector vagabundea, y el vagabundo, como dice Roberto Arlt, se regocija. En estos paseos reescritos de ahora, sin voluntad alguna de resultado, hay un regocijo cada vez que me ha deslumbrado un hallazgo al doblar una esquina, al doblar una página. Torrero se me ha aparecido en textos ajenos, en textos que he hecho propios caminándolos y caminando con ellos. Pero del mismo modo en que no todas las calles han sido pateadas, tampoco todos los textos habrán sido descubiertos, ni mucho menos. Los que hay son los que se me han aparecido al azar del zigzagueo y la deambulación. Los que no, ya llegarán, porque en la ausencia de destino todo está por continuar haciéndose. Esto que ahora se presenta, sea lo que fuere, no es sino una estación más de un itinerario interminable que habrá que seguir caminando. Y tan sólo es una* estación mental.

Si uno subía un domingo a Torrero en tranvía, hace algo más de un siglo, se arriesgaba a tener que escuchar, y no como, al parecer, durante los *aristocráticos* días de labor, voces descompuestas, dichos alegres, exclamaciones festivas e incluso músicas y canciones de quienes, humildes y laboriosos, encubrían con alegría las tristezas de una vida miserable. Así lo dice una crónica de aquel tiempo, sí: una vida miserable que encubrir. Plenitud de vida, sin embargo, me digo ahora, la de estas gentes humildes de domingo que van a una playa de polvo sin agua, como se dice en la tal crónica, o a un sequedal pomposo al que llaman parque. Si la vida ciudadana pasa rápida y fugitiva desde ese moderno tranvía eléctrico, qué mejor que pasear en calma, alegres, festivos y aun vociferantes, por entre esas gentes tan humildes. Caminar con los nuestros, caminar siempre con los propios, alejados, por supuesto, del silencio elegante y discreto de esos otros tan aristocráticos.

Antiguo Camino de Torrero, el que lleva a los montes. Paseo con la calma que otorga cruzar el puente de América. Cruzarlo andando, por supuesto, no en alguna de esas líneas de autobús que unen la ciudad con el cementerio. Un puente de ida y vuelta, un trayecto de vida sea cual sea el sentido. La Playa, entre los puentes, ya no es lo que fue, aquel lugar de verbenas con farolillos de papel que alumbraban la alameda. Las gentes compraban barquillos, quincalla, golosinas o cestos de albahaca. Las orquestinas tocaban, a veces sobre las barcazas, para que los vecinos bailasen y celebrasen a las orillas del Canal. Dicen que era un paisaje de ensoñación la vista desde el puente. Lo era y lo es todavía. Y, sin embargo, una vieja fotografía muestra a varias mujeres de la Sección Femenina que registran a otras mujeres «sospechosas» que cruzan el puente. Un punto estratégico, este acceso a los barrios obreros en los que hay música y baile en las playas polvorientas y en los sequedales de sus parques. Qué significativo, este punto fronterizo no tan imaginario. Y qué calma, insisto, cruzarlo para deambular a la sombra de los plátanos y al arrullo de las grajillas de cogote gris y frente oscura.

Para no tener que coger el tranvía, en el que todo el mundo se mira, es preferible salir con tiempo de casa e ir a pie y perderse por entre la gente. José, un hombre bueno que lee novelas populares alquiladas y bebe chatos de vino turbio, asiste a una ceremonia en la que se bendice la torre del Convento de San Bruno, que así queda renombrado el de San Antonio en la novela de Giménez Corbatón. Ha llegado, José, caminando por las anchas aceras de la avenida. Viene desde *la fábrica de huesos* en la que trabaja para don Silvio. Se siente molesto por algo, y no se ha quitado esa incómoda sensación en todo el camino. Él ha grabado, en un cobertizo de la pestilente fábrica, los nombres italianos para las lápidas de los nichos que adornan la escalinata de la torre. Pero esos italianos, y no sólo sus nombres, tan sólo son para él, ahora, huesos ajenos, despojos almacenados como en otra fábrica, alojados en esa torre que parece interminable. En ese tiempo, todavía no sabe José que no será interminable la torre, que no alcanzará jamás los ochenta metros proyectados para ella, que jamás veremos en el cielo, por fortuna, los haces de luz de los grandes reflectores que se pretendían para coronarla y que habrían de lanzar sus radiaciones al infinito cielo. José volverá caminando hasta la fábrica, avenida abajo, se detendrá para beberse algún vino o alquilar alguna novela, y tal vez así se librará al fin de esa incómoda sensación que lo atenazaba parque arriba.

Un libro acerca de una saga familiar comienza el relato de los Cameroni con la fotografía de alguna celebración en el Sacrario Militare Italiano, junto al Canal. La misma historia termina en una sesión de cine. Se proyecta la película *Culpable para un delito*. Su rodaje forma parte, se nos dice, del anecdotario familiar de los personajes de esa historia escrita por Martínez de Pisón. Es necesario comportarse con naturalidad, les piden a quienes van a participar en la filmación de una de las escenas. En cuanto el megáfono de hojalata grite «acción» hay que echarse a andar hacia la boca del metro. Hacia la falsa boca del metro, porque la película se rueda en Zaragoza, ciudad sin puerto ni mar ni metro. Algunos figurantes caminan apresurados, otros remolonean. En el fondo, todos fingen, como finge la ciudad. Descubro ahora, mientras paseo con otro libro en la mano, que parte de esos figurantes eran amigos de la familia. No de la familia del libro de Pisón sino de mi familia. Ya casi al final de la cinta, dirigida por José Antonio Duce, dos policías caminan, a la espera, por el pequeño jardín de San Antonio de Padua. El plan está a punto, dice uno de ellos. A quien buscan a la entrada del Sacrario, convertido ahora en fingida catedral, parece habérselo tragado la tierra, parece haberse perdido en ese infinito al que apunta la torre. La escena terminará con una huida. Es un día de lluvia y el carrusel del parque permanece cerrado.

En su interior, la torre guarda una maqueta de sí misma. La una en el seno de la otra, la torre dentro de la torre. Recorro, con la mirada, el Sacrario en miniatura. Como un paseo interior dentro de otro paseo interior. Si el mapa no es el territorio, tampoco el modelo a escala habrá de ser el edificio. Quien guarda el lugar me dice que la maqueta se deteriora con los días, pero que, pese a ello, da fe de lo que podría haber llegado a ser. Simpleza, austeridad y armonía, se dijo entonces. Y espiritualidad, también, una espiritualidad que borre todo concepto material que pueda acarrear la muerte. Una mañana temprano, de calor húmedo, decido ascender la rampa que conduce a lo alto de esa mole severa y robusta. Abajo, una gran cruz negra. Y el camino, jalonado de sepulturas. En algunas de ellas, torpemente pegadas o sujetas en cualquier intersticio, hay algunas copias de antiguas fotografías. No las fotografías de entonces, sino modernas copias baratas con soldados uniformados, copias ya descoloridas y rancias. En una esquina, un papelito escrito con mano temblorosa que no me atrevo, por un cierto pudor, a leer, y un par de ramilletes secos anudados con cintas de los colores de la bandera italiana. No todos los cuerpos están ya allí. Algunos han marchado hace tiempo. *Rimpatriato*, se lee en pequeñas placas añadidas a las sepulturas. Augusta ciudad, dijeron los suyos antes de elevar esta mole por sobre el resto de los barrios. Eso sí, lo *augusteo* de la ciudad queda convertido en miniatura, en maqueta de sí, desde lo alto de la torre en lo alto de la colina. Asciendo y desciendo esa rampa mortuoria, y sé que hay en ella, y pese a todo, algo de sobrecogedor. Volveré a echarme de nuevo a las calles y pensaré en esa avejentada maqueta de un territorio ajeno.

A LA SOMBRA de la torre, *la gallina*. O así la llamábamos en casa, así la llamo todavía. Un pequeño quiosco, rematado por lo que parece una diminuta carpa circense de verde y rojo renegridos y oxidados, marca tal vez el lugar que fue de esa gallina y la evoca en la distancia. Doy vueltas a su alrededor. No una, sino varias. El eterno retorno tenía en aquel tiempo forma de gallina recortada y pintada en madera, de cochecitos hechos a mano, de caballos de juguetería anclados a una rueda infinita. El tiovivo del parque no se detiene. Incluso es posible que bajo el suelo de ahora quede la huella de tantas y tantas rodadas. Es como un circo que pasa, como ese Circo Venus, de extraño nombre, que ha aparecido huroneando quién sabe dónde y que no logro volver a encontrar. O como los gitanos de la cabra en la avenida, a los pies de la casa. O como aquel otro espectáculo callejero tan humilde que no tenía ni nombre, o no lo recuerdo, y que se instaló a la puerta del bar Fútbol, apenas unas bancadas en círculo para los mayores y tierra y charcos para los niños. Círculo infinito en el que, como en el carrusel de la gallina, dar vueltas y más vueltas. Deambulan los circos, los gitanos, las gallinas que giran, los niños que fueron y los que son. Creer en la línea recta es absurdo cuando, como dice Derqui, siempre resulta en este universo que todo es circular, que incluso el tiempo da vueltas y más vueltas. Es imposible, así, dejar de dar vueltas. Tanto mejor, aunque a veces sea un eterno retorno de madera pintada a mano, parque arriba o parque abajo.

Desde lo alto, desde *una Casa en la Ciudad*, asomado a una barandilla, uno ve a todas las personas que, allá abajo, caminan presurosas. Marchan aprisa y no vuelven la cabeza hacia quien les observa. No quedan más que dos caminos, dice Manuel Derqui desde su casa en lo alto. Bajar y huir con todos los demás, o continuar el ascenso, paso a paso, página a página, y seguir observándolos desde lo alto, cada vez más desde más arriba incluso.

Bela es la *muchacha que escribe* versos, impresiones o cartas desde un gabinete situado en lo alto de las colinas, junto a la hilera de árboles que marcan la frontera de la ciudad. Bela es la muchacha que, desde allí, camina deprisa y emprende un descenso hacia la ciudad. Observa todo lo que aparece en su camino, compra cintas de colores a un buhonero, charla con una cronista extraoficial del lugar, contempla en silencio el trabajo de un soplador de vidrio y escucha a un cuentista mientras bebe sidra en una posada del camino. Una jira completa, dice Derqui, desde las colinas hacia abajo, hacia el centro. Sólo retorna a su gabinete al abrir los ojos. En su mesa, *la muchacha que escribe* está a salvo.

Dicen que Manuel Derqui vivió algún tiempo junto a la torre. En la casa ajardinada que separa el parque del convento, la de rejas vegetales y carnosas, columnas floreadas y pétalos sembrando la esquina. Ignoro si son árboles o arbustos los que todo lo inundan. No importa. Lo que importa es el alivio de su sombra de vuelta a casa. Allí vivió Derqui, dicen, y quiero creer que es esa la Casa elevada de la colina en la que la muchacha escribe versos, en la que Derqui escribe y reescribe la Ciudad. Y puesto que lo quiero creer lo hago e intento adivinar a la muchacha en el balcón o a Derqui o a ambos, la una con sus versos, el otro con su Ciudad. Me detengo, para completar la jira del día, en un bar cercano y releo cómo él o ella, en el balcón, miran sus montones de cuartillas, miran sus plumas y piensan en sus palabras. Ya saldrán de la casa a pasear más tarde, él o ella, o ambos, me digo ahora desde la parada del bar.

Una ciudad de límites elásticos. También lo dice Derqui, quién mejor. Por el sur, las Colinas. No nos importa ahora lo que hay al norte, al este o al oeste. Porque las fronteras varían según los estados de ánimo de sus habitantes, dice. Al sur siempre están las Colinas. Ocurre en esta ciudad, con frecuencia, que una construcción desaparece en un abrir y cerrar de ojos, y con la misma rapidez aparece otra en su lugar, distinta por completo o parecida o la misma, dice, pero siempre hermosa. Será el estado de ánimo con que se mira. Torrero, estación mental.

Más aún que una casa sellada, enladrillada su puerta, me inquietan sobremanera las cortinas que permanecen en las ventanas sin tapiar. Blancas a menudo, impolutas, caladas, inmóviles como enseñas de un tiempo congelado. Cerca del parque hay una que aguantará, según me dicen, poco tiempo. Cada vez que paseo frente a ella pienso que será la última, que la piqueta está cerca. La miro bien, una y otra vez. Una de las habitaciones de la planta baja, justo la de al lado de una pequeña tasca que ya no lo es, parece que espera todavía a su inquilino. En las noches, la farola de enfrente ilumina a la perfección su interior. La cama cruza la estancia en diagonal. Hay una silla en una esquina y una mesilla en otra. El jergón parece nuevo y la tela adamascada de flores blancas sobre azul cielo de su colchón parece intacta. Alguien debería, en algún momento, recuperar las baldosas que no parecen guardar las huellas de nadie, las de ningún paseo nocturno de la cama al cuarto de estar, del cuarto de estar a la cocina, al baño y de vuelta a la cama. Porque también hay «caminos breviarios» de interior, caminos de pasillo. La cortina, desde dentro de la casa, vigila lo de afuera. Todo parece sellado, protegido de la intemperie, del polvo que levanta el viento en el parque.

Un extraño salto en el tiempo. Camino por la calle de la casa tapiada. Doblo la esquina ajardinada, la de la casa de Bela, la muchacha que escribe. De súbito, la vegetación tras las columnas ha perdido frondosidad y los jardines paralelos a la verja del convento retroceden, como encogidos, varios años atrás. Ya no son tales, sino aparcamientos embarrados bajo los plátanos. Nadie pasea por entre las decenas de vehículos estacionados a la sombra de los árboles y de la torre. No es, en absoluto, una imagen fruto de la nostalgia. Es un paseo real por la topografía urbana que nos ofrece, hoy mismo, la aplicación de mapas de la red. Se actualizará, casi seguro. O tal vez no. O acaso desaparecerá la imagen para siempre. Pero ahí queda el vértigo real de este salto repentino. Un paseo por el tiempo sin abandonar, ahora, el cuarto propio.

Torrero es una loma desnuda, de rala vegetación y boquetes rojos por donde asoman las vísceras de la tierra. Es palabra de Benjamín Jarnés.

Hoy la ciudad se ha marchado, le escribe Lorca a un amigo. El viejo espíritu de Zaragoza, añade, debe de andar errabundo por los alrededores donde el viento duro salvajiza la luz de las estrellas.

Ya hablé, tiempo atrás y en otro lugar, de los «caminos de la ausencia», esos lugares conocidos y familiares repletos de restos, de trazados de lo que fueron casas, de fragmentos de zócalos y muros, de esquirlas de azulejos y ladrillo, de umbrales inexistentes pero signados todavía en la tierra, de puertas y letreros inservibles, y todo en forma de aristas cortantes que sobresalen del camino. Vuelvo a casa con los bolsillos repletos de piezas terrosas de metal y de cerámica que ignoro qué fueron o para qué sirvieron. No me importa saberlo. Estaban ahí y ahora son algo nuevo. No las he buscado. Es la esencia del hallazgo. Encontrar sin buscar, sin saber. Los pequeños tesoros se muestran al paseante, sin más. He zigzagueado a menudo por esos lugares de ausencia, todavía más al sur del sur. Peter Handke dice que la ausencia bendice. El lugar de ese último paseo está muy próximo a aquel Paraíso de la Quinta Julieta, también ausente ahora. Pero mi «camino de la ausencia» de hoy no era tal Paraíso sino que fue un asentamiento fallido. Aún se ven los trazados de los caminos del deseo de los que fueron sus habitantes. Es preferible pasear y no pensar en lo que fue sino en lo que es. He fotografiado una montonera de arpilleras resecadas por el sol, el ala de un pájaro sin pájaro, un saco de cemento fraguado sin saco, una bota desvencijada, un camino asfaltado que se desvanece entre rastrojeras y no conduce a nada. Aunque todo conduzca, sí, hacia algún lado, aunque todo sea camino hacia la ausencia, a esa luz de las estrellas salvajizada por el viento duro de las colinas.

En un altozano junto al Canal, en el extrarradio, casi a la sombra de una ruidosa carretera atestada de tráfico, ella coloca la cámara al cierzo y se sitúa, inmóvil, frente a ella, frente a su propia cámara, de frente a su propia mirada. Tan sólo un pañuelo rojo que le cubre el rostro se agita al viento. En el extrarradio de la ciudad, el viento a favor, ella, Marta, *en contra del mundo*. Es entonces cuando, en la filmación, y frente al estatismo de ella, otro paseante repite hasta el infinito su deambular. La imagen, tal vez, de la duración. Pero ante todo, y pese a la tan sólo aparente inmovilidad de ella, es una imagen activa, nada aséptica, la imagen de una mujer que también pasea y paseará, una mujer que filma las líneas del deseo que surcan los márgenes del Canal, que se filma a sí misma paseando frente a los muros de lo que ya no queda y que proyecta una tarde su paseo en la pantalla del cine Venecia. La cámara deambula con ella, la imagen es paseo, sendero y recorrido sin fin. Como debe ser en quien también es paseo y deambulación perpetua. Ella es y ha de ser, por supuesto, *flâneuse*.

Alguien vuelve a la ciudad que abandonó hace tiempo. De la que huyó, mejor dicho. ¿Qué ha sido de ella?, se pregunta. Muerta, renacida, mudada, balanceada. Deambula dormido estando despierto. A quien retorna, le duelen el barrio y la ciudad, pero la vida continúa. Y porque continúa, recuerda él cabezos pelados y resecos, campiñas ondulantes, eriales inhóspitos que fueron lugares de correrías, territorio de barbarie y cierzo. Entre las últimas esclusas del Canal y los montes de Torrero se extiende un espacio de fascinación, torres destartaladas, yeso y matojos. Pero esa fascinación, dice el que vuelve, no responde a lógica alguna. Tanto mejor será, me digo ahora, para quien deambula sin necesidad de nada. Ni de lógica ni de recuerdos. Ni de *los muertos que llevan los vivos*, esos de los que habla Ramón Acín cuando recorre esa ciudad de la huida y del regreso y la apatía.

Los taxis suben hacia el cementerio en ceremoniosa ordenación, dice Derqui, pero bajan en carrera apresurada por la cuesta que lleva de nuevo a la Ciudad, como con prisa y ganas de olvidar lo que habían ido a hacer allá arriba. Desde dentro, y en silencio, sus ocupantes miran a las personas que transitan por las aceras. Es difícil deambular por el barrio sin cruzarse con uno de esos cortejos de vanidad póstuma. Cuesta abajo, el olvido, las marmolerías, las tascas y una parada a menudo vacía de taxis.

Montes de Torrero. He subido al silencio, dice el poeta Jesús de la Hoya. Al silencio, sí, al silencio.

Todavía es el tiempo de los suelos adoquinados, los muros de ladrillo y la arena esparcida por los bordes de las aceras, el tiempo en el que las piedras esperan como los presos y en el que el cansancio se asienta en un lugar concreto. Hay un sol de invierno que indica que todo ya es imposible. Imposible, sí. José Gracia, uno de tantos personajes de García-Badell, espera en el bar de Martín con un vaso de vino en la mano. Mira hacia la puerta principal de la cárcel. Va de un lado para otro, recordando, es cierto, otros tiempos. Esos tiempos de aun antes en los que él estaba dentro y no fuera. Cuando al fin se sienta José en una mesa, Martín le dice que son muchos los que al salir se quedan en ese rincón para beber mirando hacia la puerta de la cárcel, como si la vida se ofreciese afuera en toda su inclemencia, como si ya no hubiese ensueño posible más allá de los muros de ladrillo del penal. Aquí nos vamos defendiendo, le dice Martín, invitándole a un vino más. Mejor será levantarse y marchar de aquí hacia cualquier otro lugar.

Tal vez ya no lo haya, pero hubo un cruce de mundos cuando la cárcel lo era. Un cruce de mundos y de caminos. La gente normal iba al trabajo o al instituto, mientras algunos hombres oscuros, algunos muy jóvenes, dice Patricia Esteban Erlés, caminaban esposados hacia su encierro. Y, desde dentro, hablaban a gritos al caer la tarde con las chicas que frecuentaban el pinar cercano. Era en aquel entonces, dice ella, un lugar temible y misterioso ese cruce de mundos y caminos.

Hago una parada en el camino. Me siento a beber un vino en la terraza de una de las esquinas de la avenida. Desde ella veo la entrada de la cárcel. Leo mis notas sobre José Gracia en el bar de Martín. Él también ve la puerta del presidio desde el bar. No tengo sus recuerdos, no puedo emular a José sino tan sólo en el mirar. Y, sin embargo, sí rememoro, desde aquí, la salida filmada de Félix Romeo. Aunque tampoco puedo emularlo a él. Tengo casi la misma perspectiva que la de la cámara, pero desde un poco más arriba de la avenida. Félix no se acerca hasta el bar para seguir mirando desde él la puerta de la cárcel, sino que emprende su camino por la avenida. Pasea con calma, como debe ser, como es necesario, como él sabe hacer. Tal vez se dirija a la Torre de San Antonio, avenida abajo, para rememorar algún otro episodio como de *dibujos animados*. Acaso vuelva a subir a la torre desde la que vio la ciudad, dice, como nunca la había visto. Sea como fuere, Félix camina a la salida de la cárcel, emprende un nuevo deambular, recorre de nuevo la ciudad.

Se camina con todos los sentidos. También, para bien y para mal, con el del olfato. Aunque la cámara Lumière de Trueba no los haya registrado, ahí están los malos olores. Tal vez han quedado al otro lado de la puerta de la cárcel, pero ahí están, tan presentes. Félix lo sabe bien, y así los registra. Son el olor a grasa, a zotal, a cuerpos de hombres y a ratas, olor de agua estancada y comida hervida, de lejía, medicamentos y mierda, olor a semen, a calefacción que quema mal, a sangre seca y a cuerpos amontonados. Incluso en una *noche de los enamorados*. O el olor a tiempo y a fiebre, el olor a pan caliente y rosquillas, a hachís, verdura y tripas de pescado, olores que el poeta Bozalongo, Carlos Bozalongo, pronuncia con cada letra de la palabra *Torrero*, en tardes de vecindario y esperanza. Al salir del Tanatorio de la Zeta de Manuel Vilas, en vez de nevar, dice él, llueve barro maloliente.

En la cárcel, dice Adolfo Ayuso, sobra el tiempo y ese exceso amenaza los sentidos y la razón. Así que cada mañana, antes de ponerse a escribir, el calígrafo camina cien veces los tres metros de su celda. Le han entregado papel y un lápiz. Con él puede variar a voluntad, dice, el grosor del trazo. Lo que no varía es el recorrer cien veces cada mañana la distancia de su encierro, como si se tratase de uno de esos, así llamados, caminos breviarios. Con el tiempo, y poco a poco, va reduciendo el tamaño de las letras que traza sobre el papel. Cada vez son más pequeñas, como más está él reconcentrado sobre sí mismo. Incluso escribe línea sobre línea hasta que todas ellas se confunden como en un estanque de alquitrán. A la manera de un sendero trazado que se borra. Es más, conforme emborrona sus textos, disminuyen sus paseos por la celda. Frente a las cien veces de cada mañana, ahora son sólo veinte o treinta. Se escribe a sí mismo, dice el calígrafo. Se borra, se ensombrece. En la misma medida en que su letra se reduce, él se irá apagando con el transcurso de los días. Dejará de escribir y dejará, incluso, de caminar. Y, sin embargo, sus textos, más allá de su encierro, continuarán moviéndose en libertad por la sobriedad del papel que le han entregado. No deja de ser ésta, tal vez, una de tantas *fugas* necesarias.

Julio Antonio Gómez es un poeta de prisión y destierro. Poeta que viene de un poema no leído por nadie, según dice Ángel Guinda. La casa de los padres no está lejos del Canal, una torre de campo con un largo corredor rodeado de viñas, flores e higueras. Era una ciudad de colinas repletas de huéspedes, dice él, de calles color azul-gris. Era una ciudad ya de profundas ausencias. Es él un poeta de búsqueda y de exilio. Torrero-París-Torrero-Tánger. Pero no el Torrero de las higueras y el agua, sino el de los muros del encierro y la prisión. «Zaragoza limita al Sur con las arpilleras rotas de los Presidios / balanceadas por el aliento de los castigados a celdas». Todo lejos, dice apenas sin aliento, en el último verso de su *Zaragoza amarilla*. Todo quedaba ya lejos, entonces, mientras «un casi imperceptible hedor / de crisantemos agridulces y diques / descendía / por entre las barcazas del canal imperial». Quizás eres el que camina, se dice a sí mismo, por esa ciudad que habrá de ser edificada como en los días de antaño.

La cárcel y el cementerio, esos vigilantes silenciosos. Crecer entre ambos, sin muchas esperanzas de mejora, no es, dice Patricia Esteban Erlés, un sinónimo de derrota. No, no lo es. Ella rescata del *fondo de armario* los recuerdos de infancia en el barrio, del mismo modo, tal vez, en que los libros, como dice, la rescataron a ella. Los libros y los profesores que, en ese mismo barrio, la animaron a leer y a escribir. De entre todos, dice ella, había uno que incluso les hacía escribir cuentos en los exámenes. Habrá un verano glorioso, según dice, aunque calmoso y aburrido, en el que leerá con vértigo y voracidad los libros de una pequeña cabaña de madera que, en el parque junto a la casa, se apilan en las apenas tres estanterías que tiene ese refugio tan necesario. Caminar desde la casa hasta la cabaña, coger un libro, deshacer el camino para comenzar otros muchos.

La del cementerio es una construcción de ladrillo chata, dice Manuel Derqui, tan chata que de no ser por los cipreses y las cruces que asoman sobre las tapias, podría tomarse por una fábrica. Se desbordará algún día, dice, y sepultará al resto de la Ciudad, a sus pies. Un cinturón de pinos lo separa del resto. El último barrio está, sin embargo, tan cercano, que podrían llevarse desde él hasta el cementerio los muertos a hombros. Porque el eje principal del barrio, y de la Ciudad, conduce directamente hasta esa *otra ciudad*. En ella está siempre presente el viento frío que arrulla eternidades con dardos de hielo, polvo y pequeños guijarros, y que baja desde la *otra ciudad* hasta la Ciudad para arrancar tejas y hacer saltar los pestillos más seguros. El aullido del viento tal vez sea un anuncio. Aunque nadie sepa de qué.

POR LOS PASEOS de gravilla rechinan los suelos bajo los pasos de plomo de Derqui, transeúnte desocupado.

Qué buscas en un cementerio, me preguntó una mujer. Nada, le dije, tan sólo pasear en calma. Hoy, tiempo después de aquella pregunta, he encontrado la figurilla de un ángel orante de cerámica. Estaba semienterrada junto a una de esas pequeñas tumbas infantiles. No hay ninguna identificación, ninguna placa, ninguna imagen. Tan sólo un número anónimo grabado en una chapa de plomo. Silencio. Hay algo de desgarrador en ello. Con cuidado he desenterrado al ángel arrodillado y lo he colocado en el centro de su parcelita de tierra. Si no le pertenecía a quien esté ahí, ahora lo hace. Orante y de cerámica, humilde y duradero. Qué afortunado quien no tiene nada. Continúo el paseo por entre dignas estatuas y grandes mausoleos ajenos, o tal vez no, a la pequeña figurilla orante y su parcela de tierra. Continúo el paseo en calma, y siempre.

Desde el otro lado del muro, a este lado de la ciudad, pueden verse los atropellos que algunos escultores han cometido con esas altas concepciones que se utilizan para alivio de las almas estranguladas por el dolor. Atropellos, sí, así los llama. Eternidad, paz eterna, recuerdo... todo, dice Jarnés, en forma de celestes efebos, ángeles de dolor a medio vestir que entornan sus ojos hacia las nubes. La piedra, entre el laurel y el concepto metafísico, adquiere turbias expresiones simbólicas. Aún relumbran el oro falso y la plata desvaída de las verjas, pero todo se borra en brazos del viento, mientras las tabernas de los alrededores cierran sus puertas al cierzo.

Hay una tapia maldita en el interior del cementerio, una tapia que fue exterior, trasera, alejada, oculta, doliente. Una tapia como ha habido muchas otras de tan infausta memoria. Ay, la memoria. Entre las hiladas de ladrillos hay incrustados claveles rojos y secos. No quería verla, la tapia, pero apareció ayer al azar del camino. No quería verla, no.

Mudanza y transformación de la materia y de la forma. De ello les habla, dice el poeta, un ilustre profesor a sus alumnos. Él, sin embargo, el poeta, prefiere andar el camino de las almas: la puerta está abierta. Y allí, los humildes panteones de ladrillo por entre la hierba, los ramos de madreselva y zarzamora colgados de las tapias, el sol oblicuo y pálido, las piedras blanqueadas, los crujidos de las hojas secas, las cruces de madera torcidas y esponjosas, las tristes y trémulas lamparillas, los retablos sucios de sombra, las verjas de altar medio cerradas, los tristes bosquecillos de hierbas menudas, los letreros metálicos clavados a la tierra, las letras retorcidas de las urnas, el aleteo de los cuervos, las huellas de otras pisadas por los lodazales. La brisa orea la colina del sur de la ciudad y el poeta apoya la frente en el muro. Sólo le queda hacerse de piedra como las piedras que a él lo contemplan ahora, y tal vez siempre. Luis Ram de Viu, el poeta, camina hasta el cementerio de Torrero y allí, sobre las lápidas, dicen, escribe sus poemas.

Tras el funeral de la madre, Carisio, que ha guardado un puñado de tierra del cementerio en un pañuelo, sale hacia el Pinar de Venecia, abandonado ya por los excursionistas de mantel y merienda. Tan sólo quedan los desperdicios y los periódicos del día anterior. Y ciertas parejas aisladas y emboscadas también quedan, parejas que, sintiéndose culpables, miran en silencio al paseante que deambula por entre los desperdicios. Algunas de esas mujeres, dice García-Badell, frecuentan el pinar porque no pueden asistir, por falta de dinero, a espectáculos o bailes o cafés, y buscan allí, sin más, un novio para casarse. Otras, profesionales como Dulce, que así se llama ella, a la que él busca, se adentran en el bosque de Venecia, sí, el bosque de Venecia, para absorber el placer original del hombre. Dulce y Carisio deambulan. Los hombres y las mujeres deambulan por los Pinares y se encuentran en el camino de retorno a la ciudad. Donde hay una ida hay una vuelta. Aunque nadie sepa bien qué es lo que se busca en los claros de un bosque.

Junto al cementerio, esa gran ciudad de hierba e intensidad calmada, los Pinares. Por entre ellos, dice el poeta en una tarde para anclar, «estábamos, llegábamos al fondo / del silencio total de los confines / y lo movíamos en forma extensa, / en forma de lenguaje que define». Manuel Pinillos, desde su *Lugar de origen*, ve la parte que aún del todo no se ve, según él dice, «una intacta ciudad que así es lo que no era». Y siempre, siempre, «en el camino de lo más logrado», en el camino del poeta de viento y estepa que ama en esos Pinares y que ama, desde ellos, cansadamente a la ciudad. En el interior del libro de Manuel encuentro un papelito rasgado. En él, sin más, se lee acaso un poema incompleto: «... no saben / ... tenaz andador».

La Vestal, esa mujer tan provocativa como pacata que el hombre que escribe algunas de las palabras de familia asocia con el verano y la hierba seca, esa mujer aparta a ese mismo hombre, Raúl, de la ciudad, lo aparta en uno de esos veranos de paseos por el Canal y lo encamina, dice Conget, a los solitarios y polvorientos Pinares de Venecia. Al fin, piensa Raúl. En los declives ocultos de esos montes encuentran ambos un lecho austero de hierba seca en el que besarse y acariciarse y algo más, como espera y desea un Raúl lujurioso y encendido. Pero un pedazo de paisaje se le prohíbe. Tal vez sea, pese a todo, pecado, como le dice ella a él, aunque él no lo crea, por supuesto, así. Por entre hondonadas y enramajes, mientras suena un transistor lejano, el regocijo da paso al pasmo. Y el deseo, al rencor. Pinares abajo, la Vestal y Raúl se separan, sabiendo que no volverán a encontrarse, junto al cine Torrero. Él regresa, sin ánimo de ver a nadie, a los Pinares. Camina a paso rápido para que el cansancio impida el llanto. Se detiene serenado ya, al atardecer, en lo alto de la colina. A su alrededor, los pinos polvorientos, un camino de piedras, los postes metálicos a lo lejos, el pitido de un tren, la radical sensación de ausencia, como si se tuviese que habitar en adelante, dice Conget, en uno de esos cuadros de Giorgio de Chirico en los que el verano parece haber vaciado el mundo.

Es la misma ausencia e idéntica sensación de vacío que Víctor Pastor refleja en sus cuadros de los Pinares, barrio arriba. También, el silencio absoluto. Atardeceres como de incendio por entre los pinos. El horizonte iluminado por unas llamas inexistentes pero certeras. Él camina desde su estudio, a orillas del Canal, hasta los senderos devastados por los que nadie pasea a esas horas, casi en la noche. Tomará algunas fotografías y volverá hasta el estudio. Tan sólo pinos, luz y tierra, como en una neblina ocre que todo lo desdibuja. Los senderos se pierden y no hay paseantes en estos cuadros. No hacen falta, basta el camino.

Caminamos juntos hoy, con un libro en las manos. El mismo que nos leemos muchas mañanas durante el café. Caminamos juntos hoy, al azar, por los Pinares, evitando a las gentes. Aunque ahora no haya excursionistas de mantel y merienda, sí que hay marchadores nórdicos de las colinas del sur. Los evitamos. Estamos solos, paseamos solos. Erráticos y satisfechos. En el camino de lo más logrado. Y entonces, sobre el polvo, en un recodo del camino, un pájaro estira su cuerpo y despliega su cola en un delicado trazo circular. La abubilla trajina todo el santo día, casi siempre peonando en el suelo y dejándose ir en vuelos cortos, como escribe el poeta Josep Maria de Sagarra. Peonando en el suelo. Lo leemos en el libro que llevamos en las manos. *Los pájaros amigos*. La abubilla vuela ante nosotros como guiándonos. Nos dejamos guiar, por supuesto. Seguimos en silencio su vuelo, errático como nuestros pasos. Arcilla amarillenta, naranja, blanco y negro son sus colores, su enseña. Endereza su cresta afilada y nos indica el camino con su pico largo y curvado. No es un pájaro amigo de las ramas. Su sitio es el suelo, continúa Sagarra. Dejarnos guiar por un ave que vuela y camina es algo hermoso, nos decimos. Guíanos, pájaro amigo, le decimos en voz queda. Guíanos, ave errática de suelo como lo somos nosotros. Up, up, puh, dice el poeta que nos canta ella mientras nos conduce a lo alto de los Pinares, a lo alto del barrio, a lo alto de la ciudad. Ya volveremos a la casa, ya, no hay prisa alguna ahora.

Un niño camina despacio por la Ciudad de Manuel Derqui. Se detiene de vez en cuando. En su detenerse pone nombres, inventa cuentos. Camina y se detiene, camina y se detiene. En ocasiones, el niño pasa de las palabras a las obras y es entonces cuando su perezoso caminar se hace errático. Un día aparecen ante él barracas de tiro al blanco, laberintos, infiernos, tómbolas y palacios de maravillas. De las palabras a las obras, de las obras a las palabras, esos caminos de ida y vuelta.

Hay un mullido camino de agujas de pino secas al pie de un vallado, en este tiempo de poner nombres e inventar cuentos. Si es verano se escucha una cacofonía de ruidos, músicas, risas y sirenas. El resto del tiempo, el silencio es absoluto. Desde el camino, y al otro lado del vallado, un dragón de cartón piedra y un carrusel de columpios, algunos caballitos despintados, vías de tren, tornillería de una montaña rusa, quioscos inservibles, letreros sin bombillas y casetas de madera desvencijada. Es la trastienda de una escenografía de diversión y misterio que parece anclada en el pasado. Las barracas de tiro, los laberintos, las casas encantadas y los palacios de maravillas reposan ahora en el límite de los Pinares. Magia y maravilla del deambular. Desde el Parque de Atracciones una senda abrupta baja hasta el Canal de aguas tranquilas. Ahí desaparece ya el vértigo absurdo de las atracciones paradas. La calma del movimiento detenido de los coches de choque es ahora la calma del agua mecida por el viento que nos acompaña.

Una góndola, con forma de cisne erguido y con las alas abiertas, es arrastrada, dicen, por un camino de sirga hasta alcanzar un pequeño fragmento del Paraíso, un rincón del cielo allá tan lejos o tan cerca. En la distancia brillan los remates de los muros que lo cercan con sus vidrios incrustados y puntiagudos. Al otro lado se adivinan árboles en flor y edificios con columnas de piedra gris y muros encalados. Hay entretanto, a los lados del camino, plantas y flores que no se ven en otras partes y que se acercan para ofrecerse a los hombres que pasan. Dicen que las ponen ahí los peones camineros. Cuando con el tiempo todo adquiere un aire desolado, dice Ramón J. Sender, los árboles desnudos, las hojas secas y la superficie rizada del agua parecen alusiones a la tristeza de las cosas que acaban. Como el cuervo que canta al alba solitaria de ese gran andarín que es Pepe Garcés.

NAIARA, Clart o Emilia Claramunt, que bien pudieran ser la misma mujer, tienen impreso, de su primera infancia, un recuerdo aislado sin conexión ni continuidad con nada. Apenas ella, o ellas, tenía, o tenían, cinco años cuando llegó el deslumbramiento ante la cola abierta del pavo real de la Quinta Julieta. Ellas dicen que se quedaron pobres y feos los cuentos de hadas ante tal embaucamiento. Dicen que en nada envidiaba a esas leyendas la realidad romántica de aquel conjunto abigarrado y disperso de bosques, lagos, cascadas, puentecillos e islotes. Las grutas eran guaridas de brujas y de ánades. La casa era un castillo. La rosaleda, oculta entre el follaje, era un cenador a orillas de un arroyo. Dicen que remaron en el lago más grande, que vieron anguilas, colmenas y naranjos en flor, árboles llorones, nenúfares y plantas exóticas. Y que contemplaron los colores del iris en el vapor de la cascada mientras escuchaban la mínima variación en el sonido de las aguas al caer. Con el tiempo, la rueda de la cola del pavo real remitirá a otros deslumbramientos. Pero eso ya es otra historia. Emilia, que no se ha dicho, fue nieta de quien creó ese fragmento del Paraíso. Clart fue su seudónimo de escritora. Y *Naiara* es su novela, como Naiara es también su protagonista, la mujer que remonta el Canal en la góndola de estilo veneciano.

A MENUDO recorremos el viejo camino de sirga del Canal, en dirección a la Quinta. No hay mulos que tiren de las barcazas sino coches y motos y perros furiosos que ladran al otro lado de los muros. Jamás había visto un erizo y ha sido ahí, en el viejo camino, donde he visto el primero, reseco y aplastado por las ruedas de algún vehículo. No es tranquilo, no, el viejo camino de sirga y es preferible caminar por la otra orilla. Las curvas en las que se remansa la corriente y el horizonte de la ciudad allá abajo permiten imaginar otros lugares. Sé de una curva en la que se arrojaron las cenizas del padre de alguien. No parece la propia ciudad, pienso. Una de esas curvas les gusta, tanto como a nosotros, a las golondrinas, así que nos detenemos a admirarlas antes de continuar el paseo. La Quinta ya no es lo que era. Pero desde lejos, sobre los muros siguen brillando los remates de vidrios incrustados y puntiagudos que ya veía Sender. No serán los mismos vidrios, pero servirán para idéntica función: proteger el Paraíso. Lo que antes fue diversión y reposo es ahora calma y meditación. Se mantienen el silencio y la sombra. Y en una de sus laderas, emboscados, los restos de una gruta artificial de cuando el Paraíso lo era. Y como buen Paraíso, y aunque no lo haya de ser más, se mantiene todavía a desmano, al término del viejo camino de sirga que recorremos tantas veces. Allá lejos, de tan cerca.

YA NO HAY jardines ni estatuas ni pérgolas ni parterres ni cenadores. Ahora se impone, más allá del Paraíso, una artificiosa jardinería de plástico y hormigón, alcorques sellados, jardines falsos japoneses que ignoran la topografía del paseante, quioscos que olvidan las esencias del reposo, bosques de la ciudadanía que no cobijan bajo su sombra. Debemos pasear, pese a todo, de igual manera. Quede la nostalgia para los otros.

Ameno y pintoresco lugar, dijeron. Una cima desolada a la que bendice el buen aire de los alrededores. Lugar alto y reposado, estrado para juicios, críticas y cavilaciones que nadie turbará en tal soledad, al decir de Mariano Baselga. La gente lo busca para solazarse con las vistas, aunque forme parte, hoy, de lo incoloro, ajado y vulgar de lo que ya hablaba Baselga mucho tiempo atrás. Perdura la desolación de grava, arena y yeso. Y el viento, también perdura. Asciendo hasta este Cabezo Cortado por una sinuosa callejuela de muros de ladrillo y adobe, alguna huerta y vallados de caña seca y plásticos deslavazados. Sé, aunque no puedo verla, que al otro lado de uno de estos muros hay una gran piscina, casi olímpica, abandonada y yerma. Por entre higueras, cipreses y palmeras escucho tan sólo el canto de un gallo. No me cruzo con nadie, tanto mejor. Al final de la callejuela, un edificio con ropas tendidas al sol y sillas en las puertas. Aquí estuvo don Jacinto Benavente, en una mañana ventosa en la que unas niñas le entregaron un ramo de flores. La terraza en la que tuvo lugar tal ofrenda ya no existe, pero el edificio es el mismo y no es el mismo. Fue un sanatorio antituberculoso bien ventilado en el que se luchaba contra la llamada «peste blanca». Dentro, dicen, se simulaban las condiciones de humedad y soleamiento de una playa. Torrero, lugar de costa. Qué paradoja. Arena de interior en lo alto de un monte reseco junto al Canal. Sea como fuere, desde aquí contemplaremos en adelante el vuelo de las aves y las líneas del deseo que descienden la ladera hacia los caminos de San José, hasta las vías de los trenes, hacia la ciudad entre brumas y hasta quién sabe dónde.

La Aritmética del paseo como único y ocioso alivio, escribe Derqui. 365 por 4, 1.460 paseos iguales, dice, por calles iguales. La mitad en un sentido y la mitad en el sentido contrario. Salir de la casa para volver a la casa sin salir de la Ciudad. Sin moverse nunca, en la casa o escondido en cualquier tasca, el narrador sueña que viaja. 1.460 paseos que nunca habrán de ser iguales, me digo a mí mismo.

La ciudad de García-Badell, suburbio continuo, es para los seres vivientes que en ella se mueven, que pululan, que hacen itinerarios incomprensibles, que van y vuelven, que repiten recorridos un día tras otro. Los jóvenes recorrerán las mismas calles que ya han paseado los más viejos, copiarán sus actitudes, dejarán paso a quienes vengan después de ellos. Y, sin embargo, los pasos de los muertos, los de quienes no están pero han estado, no resuenan ya aunque dejen poso en el abrirse camino. Caminamos porque otros antes que nosotros lo han hecho, y lo hacemos por donde otros antes ya han caminado.

Ciudad infinita, la imaginada o no por Alfonso Zapater. En ella, Agustín Méndez, el Poeta, se codea con quienes bajan andando desde las Graveras hasta el centro de la ciudad para extender la mano y pedir limosna. La de América, de subida, es una avenida de perspectivas nada halagüeñas, piensan ellos. Bajan para buscarse la vida, pero deben regresar al terminar cada jornada. Aquel al que llaman el Silencioso más que andar se desliza por las calles arrastrando con dignidad su miseria. Avenida abajo, avenida arriba, se asoma a tascas o se recuesta en portales antes de volver al panteón del cementerio en el que pernocta. Se codea, le dicen con sorna los demás, con una de las familias principales de Torrero. Es feliz así, él, convertido en la muerte andante. También tendré que morir, le dice Agustín Méndez al Silencioso, para que mi poesía quede. Cuando finalmente muera el Poeta, que lo hará, el acordeonista del paseo de la Independencia dejará de tocar en señal de duelo. Sobre la fosa común, sus compañeros de andanzas colocan una tablilla que lo proclama como «el mejor poeta desconocido del mundo».

NADA MÁS SALIR de casa miro todos los días las placas del Club Cultural y Recreativo Venecia. Sé que hubo bailes y vermús, teatro y biblioteca. También se organizaron paseos por el campo. En casa recuerdan los bailes en la terraza. Ahora sólo quedan las placas, la puerta cerrada y un cristal roto. Según leo en las crónicas, incluso hubo conciertos de «grupos de zíngaros». Nada más salir de casa también veo todas las mañanas, las de primavera y de verano, no las de otoño ni de invierno, al acordeonista. Es un hombre del este, un «zíngaro» tal vez. Se sienta sobre su acordeón y espera durante horas en una esquina frente a la antigua sede del Club. No sé a quién o a qué espera. No parece importarle ese tiempo detenido. En ocasiones abandona el instrumento y pasea por las Canteras. No teme que nadie se lleve el acordeón, y nadie se lo lleva. Cuando vuelvo del paseo ya no está. En ocasiones lo he visto bajar caminando por el parque, con calma y hacia el centro. Allá tocará y ganará algo para pasar el día. No sé cuándo vuelve, pero a la mañana siguiente está ahí, sentado de nuevo frente al Club en que tocaron otros «zíngaros».

Peregrinar hacia el centro, como César, ese otro preso de García-Badell que, al salir de la prisión de Torrero, camina de taberna en taberna hacia su casa del Casco Viejo. Al pasar por el parque Pignatelli, ve cómo los niños juegan cubiertos del polvo que desprende la tierra reseca por el calor. Leo, en una terraza del mismo parque, las andanzas de este César y no puedo dejar de mirar el polvo blanco que cubre mis zapatos de caminante.

En la *Trilogía de Zabala* se deambula cuando la luz parece ceniza sobre el Canal. Los personajes de Conget, como los poetas decadentes, contemplan el ocaso desde la terraza del Rompeolas, beben copas de coñac en las paradas de sus paseos, caminan solos por el Cabezo cuando la trastarde enrojece sobre los tejados o se dejan llevar por la indolencia de caminar cantando por la ribera del Canal sin rumbo ni reloj. El inesperado ruralismo de las afueras, dice Conget, por entre huertos, pinares y senderos, en atardeceres desmoronados en una paz de humo, conduce al tedio y a la pereza contemplativa. Y, sin embargo, caminan los poetas de Conget sin pausa la ciudad, las afueras o el centro, caminan contemplando todo ello aunque después se tachen las páginas añadidas de tales contemplaciones. Uno de ellos camina por el parque recitando a voz en grito fragmentos del Maestro Eckhart. Imposible es caminar para quien tiene las piernas atadas, dice el Maestro.

Torrero no es que sea un suburbio, pero tampoco cae a mano, escribe García-Badell. Las afueras, ese mundo ambiguo, fronterizo y misterioso, como dice Vilas. No son suburbios las afueras, son un combate entre el asfalto y el erial. Más allá de Torrero hay bares desolados junto a escombros que dejan ciega la mirada. ¿Y más acá? Vilas camina con suela de zapato nuevo para empedrado antiguo. Vilas ama las calles de la vida en la segunda división. Sin estas calles, la ciudad no existiría plenamente. Las quiere, dice, con todo su corazón. Y así, enamorado de ella, se pasea por la calle Lugo. La calle Lugo, dice, es mi obsesión. Ignoro si Vilas se habrá detenido en el viejo bar El Carbonero, si habrá entreabierto el portón de ese local que guarda montoneras de viejos lienzos enmarcados o si habrá admirado las enigmáticas esculturas que decoran una de las parcelas de una calle cuyo nombre no recuerdo. No, no es que Torrero sea un suburbio, pero sí un mundo ambiguo para el caminante.

333,33 METROS tenía la cuerda del velódromo que estaba junto al campo de fútbol donde ahora hay una biblioteca. La figura del Cantero da más sombra que los parasoles de las terrazas. Las Graveras no son covachas sino, para alegría de los niños, lomas de pradera verde y pájaros y nieve en invierno. No hay sesiones dobles en el cine Venecia. Un pequeño elefante de plástico negro asoma sus colmillos al balcón de una extraña casa junto al Canal y nos vigila. Las abuelas que se sientan a la fresca del ping-pong son las únicas que aprovechan ese solar esquinero, esa mesa desierta sin red ni demarcaciones. Un hombre y una mujer recogen canónigos del agua y los ponen a secar al sol en la rampa del embarcadero sin barcas. Los patos del Canal nos ofrendan poéticas estelas triangulares. Del trabajo de las mujeres que hacían adobes de arcilla, agua, paja y arena, para luego cargarlos en las barcazas aguas abajo, sólo queda la chimenea industrial a cuyos pies nos hemos sentado tantas veces a leer y a charlar. En días de cierzo me siento en una terraza elevada desde la que observo, y me encojo, el deterioro constante del viejo caserón sobre los huertos. Una mujer lee, en un banco a la sombra por el camino de Torrero, un libro sobre Walter Benjamin. Entretanto, un hombre entra al bar y saluda a la antigua, llevándose la mano a la visera de su gorra. Nada queda ya de los murales que el Colectivo Plástico y los vecinos del barrio pintaron para que luego los repintasen de blanco los bomberos de la ciudad, pero sí nos queda fijada la memoria de aquel acto. Leo la palabra *toro* desleída en una pared y sé, ahora, que es un anuncio abandonado de anís, camuflado por entre la hiedra. Hay casitas casi británicas al otro lado del barrio, y casas de imposibles fachadas curvas, y casuchas anárquicas, y fachadas de azulejos que no parecen fachadas del barrio. Hay una niña absorta en el jardín japonés. Una sonrisa de la joven lavandera de bronce al llegar a La Balseta compensa el esfuerzo de ascender el camino de San José. 333,33 metros, insisto, tenía la cuerda del velódromo, todo un paseo de un kilómetro si se recorría tres veces, tres.

Han derribado el viejo caserón que tanto me gustaba contemplar sobre los huertos, junto al Canal. Con razón me encogía al verlo. En cuanto lo he sabido he caminado hasta allá. Un operario riega con una manguera para evitar el exceso de polvo al remover tierra y cascotes. Me detengo a hablar con un hombre mayor que también contempla el derribo. Me habla del deterioro de los tiempos, de la dejadez de las gentes y de los políticos, de los chalets tan hermosos que había en toda la zona, de lo que habrá de ser en adelante. Mueve las manos con delicadeza en dirección a los huertos. Ojalá duren, me dice, aunque no lo creo. Demasiado terreno vacío. Sin embargo nada sabe decirme del caserón que cae. Antigua clínica del doctor Artero, leo por ahí. Sin más. En adelante, al menos, nos quedará su reflejo de zinc retratado por Ignacio Fortún en uno de sus paseos por el barrio, como también nos quedará, en la retina, la fotografía con la que Karto Gimeno, en un *intento de escapada*, intervino otra de esas desvencijadas paredes cercanas al Canal.

Un ciclista ordenado y metódico, antiguo boxeador nacido a orillas del Canal, entrena en el Cabezo Buenavista ante la mirada extrañada de los chavales. Un músico húngaro, gitano o latinoamericano, no queda claro, busca acomodo para su *roulotte* en el mismo Cabezo en que entrena el ciclista. Don Mariano, o Marianito, sin más, acude a las sesiones del cine Torrero y tiene por hábito asomarse a la corriente del Canal. Curro, nieto de minero, escribe a su familia desde la cárcel como si escribiese desde el otro lado del mundo, avenida arriba. El Torbellino de Plata Circus tiene su domicilio social en este barrio tan alejado. Juan Tudela, *dibujante de relatos*, le cuenta a Antón Castro, sentados ambos junto al Canal, los recuerdos de algunas de las gentes de Torrero, y Antón reconoce en sus palabras a esas gentes del barrio y las retrata en sus idas y venidas.

El Torrero y el Venecia son dos de esos «maravillosos paraísos de las pipas» de los que habla Conget. Ahora que ya no las hay, las pipas, compro en un rastrillo benéfico del Venecia un ejemplar del *Finnegans wake*, de James Joyce, ese libro que empieza «riverrante, pasando Eva y Adán, de curva ribereña a codo de bahía» y que termina con la frase: «Una vía sola una última una amada una larga». La forma es contenido, el contenido es forma, como dice Beckett del libro. Aplíquese esto al camino, pienso ahora que ya no hay pipas, y me pongo, de nuevo, en camino con, bajo el brazo, ese extraño libro que fluye y es flujo.

DEAMBULO por las callejas del otro lado de la avenida. Es noche ya, y tan sólo me cruzo con algunos solitarios. «Los peatones de la noche brillan, / pero con luz fosforescente, / con oscura luz de huesos muertos». Es palabra de Gloria Fuertes, ahora que sé, pues me lo acaban de decir, que desde estas mismas callejuelas, tan cercanas al Canal, alguien, Juan Tudela, propuso a Gloria, y ella aceptó, escribir historias de líos y tíos y ríos para niños y, tal vez, de peatones de noche para adultos.

Carisio vaga sin rumbo fijo por las calles, se pierde intencionadamente, elige los lugares más apartados, las calles no pavimentadas, como si fuese una aventura, sin contar las horas, dejando pasar el tiempo, entrando en las bodegas para hablar con alguien o refugiándose en portales para beber solo de una botella que guarda en su bolsillo. Carisio, tras los pasos de Dulce, en su busca, recorre toda la ciudad, largo periplo, y termina dando dos o tres vueltas al campo de fútbol de Torrero. Allí no siente congoja ni emoción espiritual alguna, ajeno al lugar, dice, ajeno a esos hombres que por las tardes gritan y se emocionan en las gradas. Una mujer vende gaseosas y agua en botijo, un agua turbia y gorda del Ebro que calma la sed del caminante.

Como si se tratase de una *ciudad desplazada*. En las gradas desladrilladas y leprosas del estadio de Torrero, dice Conget, se tendían las chicas del barrio para broncearse. Todo adquiría el aspecto estrambótico de una ruina con bañistas. Un viejo campo de fútbol, con piscina, en un erial, en una gravera donde termina la ciudad, o donde empieza a edificarse un nuevo barrio, allá donde asoma lo que habrá de ser.

Hay un pasaje angosto que une la avenida con la esquina en que estuvo el Rompeolas, ese bar de un Torrero imaginario y marítimo. Tal vez no da de sí lo suficiente, el pasadizo, para escribir otro *Libro de los pasajes*. O sí, quién sabe. Está clausurado hace años, aunque permanece visible su paso vallado. No evita grandes rodeos ni tiene nada de especial que no sea su extraño y oscuro deterioro. Dicen que hasta el Rompeolas llevaban, para fiestas, a la imagen de san Antonio a que se echase unos vinos. No creo que la peana del santo ni sus portadores atravesasen el pasaje, pero sí que tal vez se echasen todos juntos esos vinos, también el santo. Allá estaría, de seguro, Emilio, mi abuelo materno. Porque incluso los santos deben hacer paradas de tasca en su deambular.

Cuando lo veo es apenas un rápido boceto apoyado en el suelo de su estudio. Lo cuelga de una escarpia para apreciarlo mejor. Allá estaba el Rompeolas, me digo y le digo. Nací muy cerca, me explica Víctor Pastor, por eso comencé a pintarlo. Su estudio es muy luminoso, pero el cuadro que me muestra parece embarrado y turbio. Es sólo un boceto, de acuerdo, lo sé, pero me gusta esa luz extrañada de la subida en curva, con los edificios desdibujados y volátiles, el rojo ardiente del autobús y el brochazo del árbol. En los márgenes del papel todo se desvanece, a la manera, tal vez, como se desvanecen los márgenes de las ciudades. Quisiera pensar que quedará así, que lo dejará él así como un paseo por hacer, un recorrido inacabado de luz cuajada y trazo arrastrado. Porque también hay una cierta belleza en la indefinición del momento.

Hablaba alguien de dejarse guiar por una ciudad con el mapa de otra o con el de la misma pero de años atrás. Dejarse guiar por lo que ya no es o por lo que no ha sido nunca. Callejón de Jerry Lee, Torrero, dicen que lo llaman los *rockers*. Un callejón que pertenece a una geografía tan personal como real. Me lo cuenta un poeta. Sí, en Torrero, me dice el poeta, cerca de ese Canal por el que se pasea y se baila sobre el barro. No es necesario, dice la canción, saber quién va detrás de uno, no hay que cometer errores, no hay que dejar huellas. Porque siempre hay un principio y habrá un final. Mauricio Aznar y Más Birras cantan a *un asesinato en Torrero*. Puedo escucharlos todavía en lo que queda de ese callejón sureño que parece de otro mapa y de otro tiempo, de otro desierto. Un vacío más junto a un cine de barrio. Ya bajaremos después por el parque para tomar una copa con Mauricio en algún bar, ya lo haremos.

Alguien, acaso el propio García-Badell, penetra en las galerías del alcantarillado principal del barrio, en las cercanías de la cárcel. Están sucias y deterioradas. Los techos, en arco, brillan con la luz que se filtra desde los respiraderos. Un goteo incesante rompe el silencio. Quien entra se acostumbra, según se dice, a ese interior lúgubre, a esa suerte de claustro o fortaleza. Le gana la calma y el ambiente se le hace familiar y acogedor. Afuera, el incendio y la devastación. César, que así se llama el personaje, entra y sale de esa madriguera, sale y vuelve a entrar. En una de esas salidas, desde un altozano de la avenida de América contempla la total destrucción de la ciudad. En adelante, parece decirse, tan sólo caminar por entre escombros.

La ciudad está siempre presidida por gigantes, dice Benjamín Jarnés. Desde su pedestal, un rey ve como allá abajo late un pueblo, y asiste a bocetos de comedia y opereta en las mesitas del bar que se extiende por entre los pinos y enramadas. Ese merendero del Cabezo es un acantilado a cuyos pies se tiende la ciudad. Desde allí puede verse la nueva y creciente geometría de su trazado, las esbozadas prolongaciones de las calles, los solares salpicados de edificios precipitados y apenas ensayados. Ese método enjuto de Le Corbusier, como lo llama Jarnés, por entre construcciones rudimentarias y chozas de antiguos pobladores.

Tiempos de inquietudes, tanteos y esperanzas, aquellos primeros días de la guerra, escribe José Ramón Arana. Arana y sus amigos Luis y Miguel, mi abuelo paterno, dan vueltas y vueltas por la ciudad. Trasnochadores, el verano es tiempo de grandes caminatas desde el centro hasta los pinos del Cabezo. Allá, en un merendero, beben cerveza fría como el hielo y hablan y hablan sin parar. Levantan la sesión, dicen, y vuelven a la ciudad por Ruiseñores, trasnochan en el Coso y siguen hablando y hablando y dando vueltas. Tienen la *disparatada* ilusión de ser poetas. Hablar y deambular, hablar y deambular como poetas, por supuesto. Había tanto que decir, escribe Arana.

Ya se llegarán, los de la banda de Notivol, hasta los *autos de choque* que han instalado en su barrio, a las afueras. Ahora, desde el mirador del Cabezo, tan alejados de sus casas, la ciudad no les parece gran cosa. Desde allí comienzan su peregrinaje por ese revoltijo gris de calles y azoteas ruinosas. El repique de campanas de San Antonio disipa la niebla. Tienen un mapa para marcar itinerarios, pero es preferible caminar la ciudad como si se recorriese una maqueta. Una maqueta que podría aplastarse de un pisotón.

«En lo alto del Faro / viendo ir y venir / a las pobres gentes en sus navegaciones de un día». Miguel Labordeta, el poeta transeúnte que se presenta despoblado y surgiendo de entre los pájaros, pasea por el Cabezo Buenavista. Por ahí está la fotografía, blanco y negro, que lo muestra. «Todos los caminos / han conducido a mí», escribe. Despoblado, Miguel. Desde lo alto del Cabezo, bien lo sabe él, todos los caminos conducen a un despoblado gusanero.

A IMITACIÓN DEL ARTE, la naturaleza se muestra imperfecta al caminante. Pero imperecedera. O casi. *Grandes fábricas*, *Camino de los Cubos*, *Bar Royalti*, *Cabello de Ángel*, *Eléctricas Reunidas* de la mano de Iris Lázaro. O el azul de la escarcha, el gris del mar, el violeta de la maraña de letras esmaltadas que jalonan el deambular. Ahí quedan los anuncios de cerámica heridos de otro tiempo, por entre hierbajos y enramadas, como testigos de lo que fueron las vidas pasadas de algunos otros. No sé bien si ahora, cuando me detengo, me siento a descansar en uno de los bancos que jalonaron, en otro tiempo, la orilla del Canal o si paso a formar parte de un lienzo de existencia retenida.

Torre, tranvía y morera, escribe Javier Delgado, barcaza de feria feliz que lleva a los amantes hasta la boca del parque. Cruzan caminando el puente, que les guiña un ojo. Ellos miran y se miran. Y miran los magnolios, las fuentes, las nubes. Deambulan por entre los tilos, las rosas, las azucenas, los plátanos, los arces, los laureles, las sóforas y los cipreses. Vigor vegetal que renueva el espíritu, refresca los sentidos e insufla valor a los amantes por el paseo de los Bearneses. Y miran ellos a las picarazas, a los gorriones, miran a los mirlos. Escuchan, dice Delgado, todo el follón de la pajarada entera, bendición del cielo. Y los amantes miran y se miran y se besan, gran atrevimiento, viaje sin retorno, justo antes de la sordidez repentina del guardia que les grita «¡Ustedes se besaban!», mientras anota sus nombres en un cuadernito en esa tarde de *primavera del 59*.

Todos los amantes, dice Conget, eran proscritos durante la dictadura. Pero el Conquistador del Cabezo protegía a quienes se besaban, a sus pies, con furia juvenil de proscritos. Quien recuerda, durante un paseo por el parque, ese beso con una tal Elvira se sienta ahora en la terraza de un kiosco de la rosaleda, pero detesta, claro que sí, las peregrinaciones sentimentales, los regresos de años después a lugares del pasado, esos retornos tan peliculeros de *travelling* lento y música empalagosa. Nostalgia, la mínima, por supuesto. Que así lo pienso ahora, y de nuevo, al releer este texto de Conget, ahora que nos cambian los kioscos, aunque no, espero, nos cambien a los proscritos que se pasean emocionados hasta los pies del Conquistador.

El niño Luis Buñuel, en el Cabezo Buenavista, corta los rabos de las lagartijas mientras la gente aplaude y vitorea al aviador francés Védrines. Desde la ladera de la colina todos observan cómo el aeroplano se eleva a veinte metros del suelo. Pero a Buñuel eso, dice él en sus desmemoriadas memorias, no le interesa excesivamente. Años después, según se cuenta en una crónica del barrio, parece ser que frecuentará el Tiro Nacional, no lejos del Cabezo, junto al Canal. Allá irá Buñuel con sus pistolas. Aunque no fuese del todo cierto, me gusta pensar en don Luis paseando por esas calles ensortijadas. De aquel club de tiro ha quedado el nombre de una calle. Sé de alguien que nació allí, aunque no lo haya escrito jamás. Me pregunta si hay algún bar para celebrar mis deambulares. Como no lo hay, debo seguir caminando la orilla del Canal e imaginando que me cruzo con un don Luis surreal y armado.

Mientras la gente avanza irregularmente en grupos desacompasados, una mujer anda con los ojos falsamente entornados y en estado de alerta. Está sola. No sigue a nadie. Es menos arriesgado, se dice, hacer el propio camino. Para sortear a la riada de gente, la mujer se interna por la vereda del Canal. Cerca de la orilla la tierra está blanda y cede, por entre un paisaje turbio y borroso. A la mujer siempre le ha gustado, se dice, chapotear en el lodo. El presente y el pasado se disponen en capas, las unas sobre las otras. La oscuridad es densa y húmeda. La mujer bebe sola de una botella que guarda bajo su abrigo. Las tascas han ido cerrando poco a poco. En la semioscuridad recuerda su infancia y escucha el suave rumor de la corriente. La calma es completa en ese territorio enfangado y movedizo. La mujer continúa su paseo chapoteando en el suelo encharcado. La Elvira de Pilar Laura Mateo es esa mujer que deambula sola, que remonta el curso del Canal como con el *agua entre los dedos*.

En un viejo muro, a orillas del Canal, una puerta astillada. En ella, una mirilla de metal. Alguien podría observarme desde dentro si no fuese porque no hay nadie ni nada en el interior, absolutamente nada que no sea un vacío. Cuántos vacíos se nos abren a la mirada durante el paseo, pienso. Cuántos baldíos a la vuelta de muchas de las esquinas, eriales tras los muros de adobe o vallados jardines asilvestrados de cristales, cascotes de ladrillo y varillas verdes de persianas requemadas. De la pared acribillada de uno de esos vacíos permanece colgado un retrato enmarcado. En el umbral inexistente de otro, un número de cerámica intacta entre yedras. Una trampilla de madera se abre en el suelo de un solar vacío pero pulcramente embaldosado. Toda una habitación se desmorona, día a día, junto a las sillas de los vecinos a la fresca. Tras un arco sagrado japonés, sí, tras un arco sagrado japonés, la vegetación demasiado tupida ciega un callejón inaccesible. En otro muro alguien ha estampado su firma: Kafka. Un guante saluda a quien deambula desde una de las numerosas ventanas tapiadas. Hay un cartel de circo en un solar en el que nadie, paradoja, lo va a ver. Y tantas puertas y puertas que no cierran nada, con llamadores silenciados y manillas quebradas. No hay vuelta atrás. O tal vez sí, por entre huecos y resquicios.

La Casa de Dios, en el Cabezo Blanco de Épila. Lejos de aquí, de cabezo a cabezo. Y, sin embargo, es imposible no recordar que un suceso a orillas del Canal es la simiente de tanto dolor. Frente a las Graveras, a Vicente Basanta lo mataron de un disparo al pie de un muro, al pie de una pintada. No matarás, dicen ahora los muros de la Casa de Dios. Junto al Canal no hay ya pintada ni muro, pero sí una estación más en el mapa de la memoria de Torrero.

Después de andar muy deprisa, casi corriendo, durante dos horas por la orilla del Ebro, un adolescente coge un autobús que lo lleva hasta la plaza de España y ahí se sube a otro que va desde el centro de la ciudad hasta el puente de América. Hace frío. Se detiene a descansar antes de ponerse a caminar despacio por entre los árboles que bordean el Canal, mirando a uno y a otro lado. Busca algo. No sabe bien qué. Tal vez el cadáver de su padre arrastrado por la corriente. Después de una caminata de cuatro o cinco kilómetros, tal vez más, se sube a un taxi. Al salir de una curva, una grúa iza del agua una Mobylette cubierta de lodo. Por fortuna, el motorista, el padre, un hombre bajito parecido a Frank Sinatra, según dice Martínez de Pisón, no ha quedado atrapado en el barro del fondo del Canal.

El parque legitimaba la torpeza de mis primeros poemas, y aun de los segundos, dice el poeta. El poeta que habla desde ese parque por teléfono con Baudelaire ha sido joven, impulsivo, transparente y peripatético, que así lo dice él. El poeta peripatético, el que pasea, Fernando Sanmartín, cruza después la pasarela sobre el Canal. En él navegan las barcas a remo. A él se lanzan, sin ropa, los gitanos jóvenes. Junto a él las mulas pastan la hierba de sus orillas. Al poeta le hubiese gustado ser amigo de los gitanos. Vuelve a cruzar la pasarela, una y tantas veces, esa pasarela que, frente a San Juan de Dios, se convirtió, dice, en un resto de teología fluvial: nadie creyó en ella. Sin embargo, para él, para el poeta, la pasarela tuvo algo de mechero o lámpara de aceite que dio calor a su infancia.

ALGUIEN ME DICE que recuerda montones de barcas abandonadas a la orilla del Canal. Y también recuerda que la vieja pasarela de Venecia estuvo un tiempo abandonada en los terrenos de Cala Verde, ese lugar de tilos y castaños que tanto hemos paseado, los bolsillos repletos de erizos de castañas. Allí se alza el Canal en un mapa vertical de acero y más acero. Proximidad ininterrumpida, cauce expandido de memoria, inscribe Florencio de Pedro en la base de su escultura. Y dialoga así consigo mismo y con Sender, al tallar sobre piedra negra esas palabras suyas que dicen que el otoño comienza en la Quinta Julieta y el aire toma olor de metal en las arboledas. No recordamos en nuestros deambulares ni las barcas abandonadas ni la pasarela descolocada y sola, pero sí recordamos a cada paso el aroma de verano de los tilos, allá no lejos del Canal, y el olor de metal de las arboledas.

Reflejos de juncos en las aguas del Canal, de fachadas, de carrizos, de cañas, de barandillas, de lirios. Reflejos en los cuadros de Gregorio Villarig. E incluso alguna zambullida. O el rastro de los patos.

En las aguas lodosas del Canal un nadador avanza, tal vez contra corriente, y regresa, pues *Regreso* se titula el cuadro en el que veo al nadador, hacia la ciudad. Allá donde *la ciudad se despide*, a orillas del Canal, o donde *San José se asoma*, aluminio para el día y zinc para la noche, paseo ahora por las localizaciones de algunos de esos cuadros que permiten, según dice Fernando Sanmartín, vagabundear en su interior. Del interior al exterior, o desde adentro hacia afuera, buscando al nadador. Incluso podría guardar en mis bolsillos el Canal, retratado en una delicada postal de zinc y reflejos de apenas 11,5 x 16,5 centímetros. El trazado y el ácido, *mirada y relato* de Ignacio Fortún, parecen trazar el camino de sirga por el que nadie tira de ese nadador que nada solitario en el crepúsculo.

Volverás a Venecia, me dice y se dice Mariano Anós. Ese gesto cuarteado y «divagabundo», el de volver. Y me lo encuentro al poeta, entre Venecia y Venecia, entre Venecias, paseando una vez más, cuando «todo pasear se sabe / inconcluso, fértil en trampas, / se reconoce deudor / de su divagación». Él camina por el mapa borroso de la carencia de un lugar en el que las hierbas minúsculas, mensajeras de la paciencia, alivian la pesantez de la piedra. Tempestad y calma, gratitud y desorden del divagante. «Y entonces la escritura para qué», me pregunta a las orillas de ese nuevo embarcadero ausente entre Venecias. No hay respuesta, no la tengo, le digo, más allá de seguir paseando las tempestades.

Apéndices
sobre las Artes del Caminar

Abandono, aunque nunca del todo, el barrio. Me entrego, desde aquí, a disquisiciones que, de la mano de otros ilustres paseantes, me permiten repensar cada paseo, cada deambulación, cada deriva. Por eso nunca dejo del todo el barrio aunque pasee, a través de las lecturas, por otras muchas ciudades que no son la propia. Paseo y observo, lo digo a menudo. Y leo lo que otros, antes, han paseado y observado, y lo que han reflexionado sobre ello. Así trazo, o eso creo, o eso pretendo, las coordenadas mentales que me conducen por unos u otros lugares, reales o ficticios, hasta quién sabe dónde. Acaso hacia las propias páginas e incluso alrededor de mi habitación. Pasear debiera ser un Arte. Tal vez lo sea. Ellos, los otros, nos lo dirán.

NOCHE DE LOS CANTORES AMBULANTES

El porte presuroso de los más y el abrirse camino, las cejas fruncidas y los ojos eléctricos, los empujones y la impaciencia, el arreglarse la ropa y la aceleración, la inquietud en las caras abotargadas, los gestos para nada para consigo mismos, el amontonamiento en la marcha y la detención, el cese del murmullo, el redoble sordo de las muecas, las sonrisas, los pasos y obstrucciones, las disculpas efusivas y los azoramientos, los excesos, y también la afectación y la arrogancia del desecho.

Entonces, de súbito, la extraña conmoción de la lluvia.

Y ser el otro en el privilegio de la embriaguez, gozar de sí, máscara o disfraz desde lo oscuro, hallar el cuerpo en el gesto propio, pleno y asumido, en el lugar vedado, y desposarse con la fiebre, desechar el domicilio, ceder a lo improviso y ondulante, a lo azaroso que divaga, frecuentar la aridez del demonio, la lubricidad, el ocio, y saber del júbilo de la elevación y el salto, saberse loco, charlatán en el patíbulo, y desdeñarlo todo y nombrarse príncipe del desprecio, rey del silencio, errante y solo.

No nos compadezcáis mientras la lluvia nos empapa.

TODOS LOS PASEOS HABLAN DEL ARTE DE DESAPARECER

1.

En la *Ilíada*, nos recuerda Jean Starobinski, se dice que cuando Belerofonte se hizo odioso a todos los dioses, por la llanura de Aleya iba solo vagando, devorando su ánimo y eludiendo las huellas de las gentes.

2.

Un sueño. Encerrado en una casa, arruinado y miserablemente seco, decido abandonar el cuarto de los escritos, el de los espíritus. En la calle me espera Robert Walser. El médico jefe del sanatorio le ha permitido, me dice, salir a pasear conmigo. Sin embargo, apenas hemos recorrido unos pasos cuando él decide, sin más, despedirse. No me dirá nada. Tan sólo esbozará un gesto con su paraguas y se alejará paseando. Comienza, entonces, a nevar. Es una ligera y alegre danza de copos. Sea como fuere, me quedarán sus huellas.

3.

Sin demasiada fe en la inspiración, León-Paul Fargue, *peatón de París*, se deja llevar, sin método alguno, por las geografías secretas, por las materias singulares, pero también por las sombras, los deslices y las cenizas de la memoria. Lo fermentado y polimorfo se agita ante sus ojos, bulle al mismo tiempo, turba, intimida y paraliza. Y para tejer, sobre el papel, ese lienzo, nada hay mejor que las veredas secretas: andar, siempre, por otras vías. Y, sobre todo, volverse silencio para que el silencio regale melodías.

4.

El camino siempre parece ser el otro. Un surco propio me señala el desvío por la más larga y silenciosa de las rutas posibles. Ningún trazado se repite. No, al menos, de un modo consciente. Nada hay de premeditado en cada uno de los pasos dados. No hay previsión, ni repetición. Tampoco pretexto, aunque tal vez sean posibles, algo más tarde, palabras escritas desde alguna de las formas del silencio. Salir para, después, y ya en calma, retornar.

5.

Llegarse por esas otras sendas tan insospechadas le otorga al André Breton autor de *Nadja* la medida de la gracia de que él es objeto. Pero también le otorga la medida de su desgracia. Tan sólo le impulsa un dato oscuro: saber que es *allí* donde *esto*, lo que quiera que sea, sucederá. Y, sin embargo, y mientras la gente se apresura, es necesario demorarse un poco, aunque sin volverse jamás atrás. Nadja, la mujer misteriosa, no ha deseado ser nada, dice Breton: tan sólo un rastro para él. Y él apenas sabe lo que salvaría de todas las páginas que ha escrito. Revisita la ciudad que ha paseado con ella, con Nadja, pero la forma de esa ciudad ya ha cambiado, se convierte en otra, huye, se desliza, se hunde de la misma manera en que él se hunde y desliza en ella, en la ciudad. Realeza del silencio, escribe Breton al final de su historia. Porque esa, y no otra, ha de ser la consigna: volverse silencio allí donde algo sucederá.

6.

Allá donde la ciudad suceda. En el lugar de la escritura deslizada.

7.

Casi todas nuestras desgracias, escribe Charles Baudelaire citando a Pascal, nos vienen de no haber sabido quedarnos en nuestro cuarto. Las palabras de Pascal añaden un nuevo matiz: no haber sabido permanecer *sosegadamente* en nuestro cuarto. Frente al sosiego, algunos locos, como añadirá más tarde Baudelaire en el mismo poema, buscan la felicidad en el movimiento. En el movimiento, la disolución de lo estático.

8.

El cuerpo se asienta mal. Y la casa se agota, o se agosta. Como en ese viaje alrededor del cuarto propio. La quietud me estremece, aunque el semblante, como el de Walser, mantenga la dignidad. Acaso sea el sosiego del loco.

9.

Guillaume Apollinaire, *paseante de las dos orillas*, lee, como la necesaria poesía de hoy por la mañana, los carteles de la ciudad que cantan a voz en grito. Y recupera, con su lectura, lo que se ha desvanecido. Hay una cierta melancolía en el *collage* con el que él traza el plano de la ciudad. Letras de anuncios, pinturas murales, placas y avisos, gemidos de sirenas. Los rótulos de las calles, así lo dice Walter Benjamin, deben entonces hablar al que va errando del modo en que hablaría un crujir de ramas secas en el bosque. Y en el bosque, es bien sabido, no es necesario orientarse sino saber perderse. Y así lo hace Apollinaire en la ciudad: compone mientras anda por entre el gentío, perdido, completamente solo, como agua que fluye. O acaso como quien se desvanece en ese poema de cada mañana que es la ciudad.

10.

Si encontrase el poema logrado, me disolvería en él o con él, me trocearía como la rama que cruje. Si quisiera contar, y esto creo que fueron palabras de Walser en aquel sueño en el que nada él me dijo, si quisiera contar, no acabaría nunca antes de que lo que hubiese que contar estuviera fielmente contado. Si pretendiese ser el *collage* que soy apuraría la línea de puntos, me recorrería tijera en mano, me hilvanaría en el pecho el camino con el hilo del laberinto. Pero ignoro si es posible contar con absoluta fidelidad.

II.

El paseo callado y desasosegado de Fernando Pessoa es una conversación continua en la que todos nosotros, escribe, seamos hombres, casas, piedras, letreros o cielos, somos una gran multitud amiga que se codea con palabras. Le gusta, a Pessoa, errar sin pensar por entre aquello en lo que la ciudad se convierte al atardecer. Desea andar como si nada, para él, tuviese remedio. Construye, mientras se pasea, frases perfectas que después no recuerda en casa, y no sabe si la poesía de esas frases es parte de lo que fueron o parte de lo que nunca llegaron a ser. Y sabe, y así lo dice, que tan sólo en ese devaneo absoluto en el que nada activo interviene, sólo ahí, en ese *tibio no-ser*, es donde puede conseguirse de una manera competente abdicar de la acción. Tal vez por ello, su afirmación de que él es los alrededores de una ciudad que no existe.

12.

Converso conmigo, me digo, o con ese otro que no soy, mientras me codeo con las palabras de la ciudad, con aquellas que la delimitan, también con las palabras en las que, al andar, me diluyo. Los límites teñidos de rojo de los arrabales invitan al silencio. Llegar para no hacer nada, para significar, sin más, la presencia en el lugar de la disolución. O distanciarse.

13.

Georges Perec propone algunos trabajos prácticos de calle: ir despacio, casi torpemente; obligarse a ver con más sencillez; leer lo que está escrito en las calles; continuar hasta que el lugar se haga improbable. El propio Perec se propone describir *lo demás*, todo aquello que no ha sido todavía descrito, inventariado, explicado, fotografiado o registrado, lo que no se percibe, lo que carece de importancia, lo que ocurre cuando no ocurre nada. Como un esbozo de inventario de algunas de las cosas estrictamente visibles.

14.

A menudo trato de inventariar lo que no está ahí. El propio cuerpo vencido por lo más mínimo: ya sea casa, hoja, árbol o el desechado trozo de papel de escribir con las primeras e inconexas letras del escolar. Disolverme, a la manera de Walser, en la observación y percepción de todo.

15.

¡Vayamos a un ritmo más lento!, le dice en uno de sus paseos conjuntos Robert Walser a su amigo Carl Seelig. No persigamos la belleza. Debe ir con nosotros como la madre con el hijo. La lentitud, esa mercancía rara y preciosa según las palabras de Enrique Vila-Matas.

16.

Llegué tarde, dicen, nací tiempo después de lo esperado. Mi pulso es, desde entonces, el pulso de la calma, el de la lentitud, el paso firme a la deriva con la mirada clavada, como Chejfec, en los deterioros, en los desniveles y accidentes del suelo. Incluso lo irrelevante es, en su modestia, indicio de esa calma, de esa lentitud. De lo superficial, la tranquilidad. Y la belleza, también, del devaneo.

17.

En general, escribe Sergio Chejfec, ese caminante de *dos mundos*, me pasa siempre lo mismo: empiezo por los costados o por las puertas traseras.

18.

Leo palabras de la Monelle de Marcel Schwob. También ella se dirige a mí para decirme que nada construya en la noche pasada y que deje mis obras andar a la deriva, que contemple nuevas obras en los menores arrebatos de mi alma y que, sobre todo, no deje escombros tras de mí, que con el pie izquierdo borre la huella que acabe de hacer el derecho.

19.

Pasear como quien siembra silencios, como quien sabe de las pausas, como quien conoce bien ese lenguaje tan singular de las colecciones y la basura. Pasear como esperando, a la manera de Walter Benjamin, que se cumpla ese sueño, cualquiera que sea, del que los laberintos trazados sobre el papel de los cuadernos son los rastros. Rastros. La ciudad, paisaje sin umbrales.

20.

En esta recolección intento olvidarme de mí mismo. En la pausa reconozco las puertas laterales, las cortezas heridas de los árboles, el mal de la piedra, todas las grietas posibles y necesarias, los costurones de la piel. Intento, por ello, borrar el gesto tan blando del lápiz sobre las hojas. Trapero de arrabal, me sé recolector como el poeta silencioso o como el niño desordenado. Y, de un modo decidido, también me sé extraviado.

21.

La ausencia de cualquier tipo de objetivo aparta muy pronto de la realidad. También Guy Debord propone abandonar las razones que motivan los movimientos. Bajo los pasos de Louis Aragon y Roger Vitrac, bajo los de Max Morise y André Breton, y tras dejarlo todo para salir a las calles, se levantan fantasmas cada vez más inquietantes. El espacio es, dicen, activo y vibrante, un organismo vivo productor de afectos y relaciones. Para ellos, el territorio es un interlocutor que penetra en sus mentes y los transporta a un estado de inconsciencia en el que el Yo no está determinado.

22.

Recorro, delirante, la ciudad, o las ciudades. Mi cuerpo se mece y vibra, los brazos en reposo. Como la inacción de aquel niño que se mueve sin cesar para no hacer absolutamente nada. No hacer nada es una forma de ser, de estar y de habitar. O acaso una forma de dejar que quien sea sea la ciudad. Lograr, desde la inacción, que la vibración del lugar lo sea todo.

23.

Como Baudelaire, es necesario entregarse a lo que aparece de improviso, a lo desconocido que pasa. Observador apasionado, la morada del *pintor de la vida moderna* estará en lo ondulante, en el movimiento, en lo fugitivo y lo infinito. Mas siempre oculto. Ver el mundo desde su mismo centro pero permaneciendo oculto para ese mundo, como príncipe que goza por doquier de su propia ocultación.

24.

El anhelo, en ocasiones, de no ser nada en el medio de todo esto. Como un deseo, callado y oculto, de permanecer aferrado a la ondulación de la tierra pero desleído en ella. Caminar en la verticalidad de un centro improbable y necesario. Que permanezca el eje para celebrar el hueco.

25.

Hay, escribe Peter Handke, lugares de retiro y lugares de ocultamiento.

26.

También anoté en el cuaderno que el límite no es aquello donde algo cesa, sino aquello donde empieza el ser de algo. También de Handke, la frase. En algún lugar comenzará pues ese ocultamiento. Acaso en el mismo lugar en que se me mostrará la demarcación del retiro. El comienzo del ser y el del no-ser. Debería sentir un temblor al contemplar ciertos lugares. Hay marcas que, decididamente, son el lugar del retiro y del ocultamiento.

27.

Como también hay, lo escribe Sergio Chejfec, lugares de abandono, lugares en los que la persona se ausenta y se convierte en nadie y ella misma termina siendo imprecisa. Acaso movida, dice, por quién sabe qué tipo de distracciones. Tal vez se trate de alguno de esos *estados de distracción* de los que habla Cortázar, ese distraerse en el que irrumpe un elemento otro, un espacio o un tiempo diferentes, ese distraerse en el que todo, incluso uno mismo, se diluye, sale de sí, se abandona y desaparece. Acaso haya algo de sobrenatural en esa distracción, en esa imprecisión y en ese ausentarse, en esa irrupción de tiempos y espacios diferentes, algo tan sobrenatural como para César Aira es el recorrer una ciudad con el mapa de otra sin percatarse nunca del equívoco.

28.

El tiempo se quiebra y se desgaja. La distracción multiplica y expande. Las señales que jalonan mis recorridos se suceden sin necesidad alguna. Están ahí, sin más, como podrían no estarlo. El registro de los pasos es equívoco. No me importan ni el mapa ni el territorio, mi mapa y mi territorio. Todas las señales lo son de ningún sitio. O de mi propia indeterminación. Quebrar el tiempo para ausentarse, para subrayar en el mapa todas las indicaciones en blanco, para introducir, cualquiera que sea, ese elemento otro.

29.

Escribe Bertolt Brecht un *Libro de lectura para habitantes de la ciudad*. En él dice que las ciudades pueden cambiar, pero que tú no debes hacerlo. Y que no muestres tu rostro, que no lo muestres y que borres las huellas, te recomienda. Que las borremos nos recomienda él una y otra vez. De estas ciudades sólo quedará el viento que las atravesaba, escribe en otro poema. Sabemos que somos pasajeros. Borremos, pues, las huellas. Estas ciudades, como anota Walter Benjamin, habitarán el viento después de arruinadas y destruidas. De ellas leeremos la borradura.

30.

También la ciudad es pasajera, huidiza. Como perecedera es su traza. No hay jalones en su demarcación, y si los hay son el registro de las ausencias.

31.

Triste y apartado del mundo, Bruno Schulz, en su proceso de maduración inversa, hacia la infancia, y acaso desde sus tendencias al no-ser y al retiro, escribe acerca de un plano. En él, a la manera de aquellos antiguos mapas geográficos que utilizaban un vacío blanco para representar remotas tierras inexploradas o de dudosa existencia, la calle de los Cocodrilos y su entorno resplandecen como uno de esos vacíos blancos. Como si el cartógrafo, dice Schulz, hubiese rehusado considerar esa zona como un elemento más de la ciudad. En ese barrio, que no en el fulgor del mapa, todo es en realidad gris y nada resplandeciente, todo es desconchado y harapiento. Y, sin embargo, la multitud se apasiona con denuedo en dar una apariencia de gran lugar. Pero, pese a intentar, dice, parecer ocupados y llenos de vida, vagabundean erráticos y monótonos como un cortejo lunático de marionetas. Es el barrio de la ilusión y los gestos vacíos, el lugar en el que quien adelante un pie en un paso quedará inmovilizado para siempre.

32.

Cada uno de mis pasos debiera ser un gesto en blanco, acaso el poema por escribir, el fulgor deseado del cartógrafo. O una afrenta al cortejo lunático.

33.

Thomas Mann dice, sobre aquel que ha de morir en Venecia, que amaba el lugar, entre otras cosas, por cierta propensión ilícita hacia lo inarticulado, inconmensurable y eterno: hacia la nada. Desvanecerse, o fluir, o desviarse porque, como anota Joseph Brodsky, en esta ciudad lo natural es desviarse, que no es sino lo que hace el agua, desviarse en una ciudad en la que nunca se sabe si se persigue alguna meta o se huye de uno mismo. Si observamos la *marca de agua* sabremos, con Brodsky, que si algo puede comunicarnos la ciudad es que nunca la poseeremos. Acaso porque, mientras nosotros nos movemos, y desaparecemos de ella o en ella, la ciudad permanece estática.

34.

En otro sueño vuelvo la mirada hacia esa marca de agua. Joseph Brodsky pasea junto a Enrique Vila-Matas, quien, sin duda, se ha percatado de mi gesto. Al final, me dice, sólo queda eso, la mirada hacia atrás que percibe la nada. Nos volvemos hacia atrás, añade, y vemos el trecho recorrido, la vía indiferente que se pierde en un horizonte que ya no es el nuestro. Nosotros partimos y la belleza permanece, me dice entonces Brodsky, aunque sean nuestras lágrimas un intento de permanecer, de quedarnos rezagados y de fundirnos con la ciudad.

35.

Dicen de Roland Barthes que es posible que sea uno de los escritores más laberínticos de su siglo; que invita al lector a perderse entre sus líneas y a recorrerlas repetidamente sin que se tenga nunca la sensación de hallarse en el mismo punto; que forja una prosa que no conduce sino a lo que ya está dado. Dice Barthes de sí mismo que él es contradictorio y disperso, y dicen que en esa dispersión hay un deseo a la deriva. En un texto en el que habla de ciertos lugares de su infancia y adolescencia describe dos caminos que siguen las orillas de un mismo río. El que él prefiere de los dos, escribe, es un *verdadero camino*. No es una vía de comunicación funcional, sino una *experiencia* compleja en la que tienen lugar, y al mismo tiempo, un bello espectáculo desconocido y el recuerdo de la práctica ancestral de caminar; una experiencia en la que se penetra lenta y rítmicamente en el lugar y que burla la yerma inmovilidad de las postales. Un lugar se lee, añade, según la memoria del cuerpo.

36.

Leeré en las postales tan sólo el vacío, lo único cercano a la memoria de mi cuerpo, la experiencia de todas las disoluciones que soy.

37.

Cuando el arte de Richard Long se materializa andando, como así *A Line Made by Walking*, él, el paseante, desaparece. Tan sólo quedarán la huella sobre el terreno hollado y el testimonio fotográfico. También desaparecerá, con el tiempo, el rastro, aunque no el testimonio. O quizás tal vez también el testimonio desaparezca.

38.

E incluso el paseante que soy. El territorio hollado que seré.

39.

En un paseo de infancia berlinesa, la meta del laberíntico camino de Walter Benjamin eran dos pedestales sobre los que se asentaban las estatuas de dos reyes. Pero a él le gustaba mucho más ocuparse de esos basamentos que no de los dos soberanos, porque lo que sucedía en aquellos pedestales, escribe, estaba más próximo a él en el espacio. A la manera, tal vez, en que Fernand Khnopff, observador y único testigo de la desaparición de un mundo, contemplará y dibujará, un poco después del laberinto del niño Benjamin, su *Ciudad abandonada*. Y es que tal vez, como escribe Sergio Chejfec, no haya que caminar sin destino, sino con un destino alejado, casi inalcanzable o inaccesible, y poniendo a prueba los mapas. Y lo inalcanzable, a menudo, es lo más cercano a nosotros, lo que nos pasa desapercibido, lo que sucede cuando nada sucede, lo que desaparece en el trazado de los mapas dejando, tan sólo, las marcas de las desapariciones.

40.

Un sueño más. Se acerca a mí, en una oficina de objetos perdidos, Walter Benjamin. No bien empezamos a orientarnos en algún lugar, me dice él, el paisaje desaparece de golpe como la fachada de una casa cuando entramos en ella, y la imagen primera que pudiéramos tener de ese paisaje nunca jamás podrá reproducirse de nuevo. Pero ya sabes, me dice para terminar, que sólo somos pasajeros y que, como nos dice Bertolt Brecht, después de nosotros no vendrá nada digno de mencionarse. Entonces, sin más, Walter Benjamin desaparece por entre los estantes repletos de objetos perdidos de esta oficina de objetos perdidos. Y ni siquiera, me digo, quedará su huella.

41.

¿Acaso no volvemos más ricos a casa?, le pregunta Robert Walser a Carl Seelig al final de uno de sus paseos. ¿No fue un día maravilloso? Que nos vean, los demás, pasear. Que nos vean.

DIECIOCHO FRAGMENTOS PARA BORRAR LA PROPIA HUELLA

(fragmentación y borradura)

Las citas en mi trabajo son como salteadores de caminos que irrumpen armados y les roban sus convicciones a los paseantes ociosos.

Walter Benjamin

1.

Asimetría o desorden del cuerpo y del alma, esa *nada que duele* de la que habla Pessoa impide, a aquel en quien ella se instala, encontrar un lugar propio en ninguna parte. Solitario, sedente e inmóvil, como las figuras de los retratos, inmerso en un mundo finito y, sin embargo, fuera del espacio. La mirada más allá del marco, ni hacia sí mismo ni hacia los otros, imperfecto y vaciado, esperando, como el Fausto de Goethe, hallar el Todo en la Nada de los demás, el Todo propio en la Nada del otro, o como ese ángel de la Melancolía de Durero, con las alas desplegadas para no volar, sumido en la duda y a la espera. Dice Walter Benjamin que la espera es el estado característico del pensador impasible, del contemplador inmóvil, del mismo modo en que la duda es el estado propio del *flâneur*. Frente a la espera tediosa, la duda impulsa a caminar sin rumbo.

2.

Un actor abandona la piel del monstruo demasiado humano al que acaba de representar. Desposeído de sí mismo sobre las tablas, traicionado por la materialidad de la voz y el cuerpo del personaje, deja ahora la escena misterioso, idealmente silencioso, bello en su mudez, depurado en sus gestos, limpio de las suciedades de la profesión. Del teatro sale a la ciudad, libre de la envoltura de su oficio. Es entonces cuando se hace retratar por un fotógrafo. Es entonces cuando el actor queda reducido a un rostro, a un peinado, a unos hombros, a una renovada escena trivial e ideal. El actor es captado *en descanso*. Cabeza ideal, iconografía truncada sin embargo. Así nos lo narra Roland Barthes. El recuadro de la imagen suprime las piernas, dice, porque toda imagen ideal, todo ensueño suprime en primer lugar las piernas, y ello pese a que el caminar, nos dice, sea mitológicamente el gesto más trivial y por lo tanto el más humano. El actor, no lo olvidemos, volverá caminando la ciudad, retornará andando desde el teatro hasta su apartamento parisino.

3.

En el bulevar, escribe Leon-Paul Fargue, se es a la vez actor y espectador.

4.

Con una disposición de ánimo contraria al *ennui*, al hastío, al tedio, alguien examina los anuncios, observa la mezclada concurrencia de un café, contempla la calle a través de sus cristales empañados, mira a las masas de transeúntes a la luz incierta y deslumbradora de los faroles, pega la frente al cristal para escudriñar a la multitud, se decide a salir, a abrirse camino en la calle por entre el gentío, se decide a seguir a un otro de quien piensa que se niega a estar solo. Y todo para averiguar, al final de su deambular sin rumbo, y como así leemos en el relato de Poe, que ese otro, ese *hombre de la multitud*, no habrá de dejarse leer jamás. Jamás. Y tal vez entonces el perseguidor/observador retorne al café con una disposición de ánimo, ahora sí, favorable al *ennui*, a la melancolía y a la duda. Avanzo ocultándome, dice Descartes.

5.

La calle atronadora aúlla en torno al poeta tenso y extravagante de Baudelaire, el de la máscara y el odio al domicilio, ése de quien ni siquiera las fugitivas beldades que le devuelven a la vida, dice, conocen su meta. Arriba, muy arriba, lejos de los senderos, y en cualquier parte fuera del mundo. En el número, en lo tornadizo.

6.

Si supiera hacia dónde voy, parece ser que dijo Jacques Derrida, jamás daría un sólo paso para llegar a ese lugar.

7.

No pertenecer a nada, a ningún lugar. Saberse fuera de casa y sentirse en casa en cualquier parte. Ser en la soledad de los signos, en su dispersión y desorden. A la manera de esos objetos y formas que se encierran en su propia soledad, en su vacío, como residuos de un mundo del que, dicen, dioses y demonios han desertado ya para siempre. Desaparecen los puntos de referencia que unen con el mundo exterior, y todo se convierte en esa frágil frontera que separa la presencia de la deserción. Se agrieta la urbe ordenada y planificada, y en la grieta, dice Benjamin, uno se encuentra en el umbral de la nada. Pero también dice Benjamin que al *flâneur* le interesa más el tacto de una sola baldosa o el olor de un solo umbral que todas las grandes reminiscencias o los escalofríos históricos.

8.

Desde hace mucho tiempo, escribe Giorgio de Chirico, nos hemos acostumbrado a ver estatuas en los museos. Para dar con aspectos más nuevos y misteriosos debemos recurrir a nuevas combinaciones. Una estatua sola podría despertar en nosotros una emoción nueva si se tiene la preocupación, nos dice, de hacer que sus pies, en lugar de estar apoyados en un zócalo, reposen directamente sobre el suelo. Es el modo de mirar de De Chirico, el modo de hallar en la realidad ese aspecto espectral y metafísico que tan sólo ciertos individuos excepcionales pueden ver en momentos de clarividencia y abstracción. Es el modo de echar el pie a tierra para sentirla, el de atravesar el marco, el de abandonar el signo, el modo de habitar la grieta, el de contemplar la existencia en un plano horizontal, es la forma perfecta de la inmersión en lo tangible. La mirada, así, resbala, no ve lo que existe sino que ve la sombra de la existencia, esa sombra más fuerte que aquello de lo que es proyección. Que los pies, sí, reposen sobre el suelo, esa *terra incognita*.

9.

Un hombre excéntrico, el centro de cuya existencia ha sido lanzado hacia la periferia. Así, al parecer, se definía Kierkegaard a sí mismo. La ciudad como paraje de la indolencia, como estado de ánimo. También sus arrabales. El andar como extravío, como sabiduría contraria a la inmovilidad. El observador como príncipe que goza de su incógnito. Nada es más instructivo, escribe Thomas Bernhard, que ver andar a alguien que piensa, lo mismo que nada es más instructivo que ver a alguien que anda pensando. Si observamos bien a quien anda, sabemos cómo piensa, llegamos, dice, a la estructura de su pensamiento, lo mismo que si observamos a quien piensa llegamos poco a poco a cómo anda. También, quizás, podamos llegar al lugar hacia el que anda.

10.

Al artista adolescente Stephen Dedalus no le da miedo estar separado de todos los demás, como tampoco teme, dice, el abandonar lo que tenga que abandonar, ni teme cometer errores, ni teme ser pospuesto a otro. Correrá el riesgo, se expresará libremente y, para ello, utilizará sus únicas armas: silencio, destierro y astucia.

II.

Se habla del *discurrir topográfico* de Guillaume Apollinaire. El poeta, zigzagueante, pasea para recuperar lo que se desvanece. Aunque escriba sentado a la mesa de un pequeño café de la *rue* Christine en el que seis espejos siguen allí mirándose insistentemente hasta que él se marche. El poeta lee los prospectos, los catálogos y los carteles que cantan a pleno pulmón, porque en ellos se encuentra la poesía de esa mañana, como también en el gemir de las sirenas, en las pintadas murales o en las placas de aviso de las calles industriales. Y canturrea melodías conocidas mientras anda, para trazar sobre ellas sus palabras, para puntuar sus pensamientos, para improvisar fonéticamente sobre esa corriente que fluye. Guillaume canta en las tabernas del barrio judío de París, pero también en Marsella, en Coblenza, en Roma o en Ámsterdam. Loco o monje, pero, eso sí, completamente solo entre el gentío, bebiendo la vida como una copa de aguardiente de camino hacia Auteuil, de camino hacia casa.

12.

Dice Philippe Soupault, peatón y no viajero, que los días en los que uno obedece a esa voz secreta que invita a estar en Babia son los que escoge el azar para indicar su rumbo. El azar, se dice a sí mismo, es la mano del tiempo. Cantores callejeros, escribe junto a André Breton, el mundo es grande y jamás llegaréis. Y ello, ese no llegar, esa imposibilidad, tal vez sea así porque es necesario concebir la vida, y escribirla, y recorrerla, al margen de su plan orgánico, en función de azares pequeños y grandes, como inmersos en ese prohibido mundo de los acercamientos súbitos, de las pasmosas coincidencias, de los reflejos y relámpagos que nos hacen ver las telarañas más centelleantes en los rincones más oscuros, como así nos lo anuncia Breton. Hay hechos, nos dice, que son resbalones, concursos de circunstancias que trascienden con mucho nuestro entendimiento. Me he acostumbrado a pensar, escribe Louis Aragon, dando mil rodeos. A la manera de esa mujer a la que Peter Handke da voz y que le pide a alguien que fracase tranquilo, que, sobre todo, se tome su tiempo y que dé rodeos, que se deje llevar por caminos que no quería recorrer, que se incline ante las cosas secundarias, que se evada y retire al vacío de los hombres, que se burle del drama del destino, que se mueva hasta que el susurro de las hojas se haga dulce. Que juegue el juego, le pide.

13.

Es necesario ir más despacio. La lentitud, esa mercancía rara y preciosa de la que habla Valery Larbaud. No tenemos prisa, escribe. E interpela a alguien para que aminore la marcha, para que dé tiempo a que el polvo se asiente. Para que se aparte de la multitud aborregada y veloz. Hay que ir más despacio, casi torpemente, propone George Perec como *trabajo práctico*. Es necesario, sugiere, aplicarse, tomarse su tiempo, descubrir un ritmo, ver con sencillez, mirar a quienes andan con prisa, también a quienes lo hacen sin ella, vislumbrar hechos que no se producen. Y esperar, continuar, esforzarse por imaginar hasta que el lugar se haga improbable. Obligarse a escribir lo que ocurre cuando no ocurre nada, tratar de retener algo meticulosamente, arrancar unas migajas precisas al vacío. Los momentos de calma absoluta, escribe él mismo desde la terraza de un café, son poco frecuentes. Siempre, añade, hay un transeúnte a lo lejos. Un transeúnte que camina despacio, casi torpemente.

14.

No sólo caminar absolutamente solo, alejado de la multitud. Tener además gustos de acróbata solitario, como anota en su diario Jules Renard. Me gusta, dice, darme la espalda a mí mismo.

15.

Al principio, dice Rimbaud, tal vez cuando alardeaba de poseer todos los paisajes, escribía silencios, noches, anotaba lo inexpresable. Fijaba vértigos. Más tarde, ocioso, presa de una pesada fiebre, terminé, dice, por encontrar el sagrado desorden de mi espíritu. Y escribe que dijo entonces adiós al mundo arrastrándose por callejas hediondas para saludar a la belleza. Y escribe que supo que la acción no era la vida, sino una forma de malbaratar alguna fuerza. ¡Ay! si, como dice Baudelaire, todas las desgracias vienen de no haber sabido quedarnos sosegadamente en nuestro cuarto. Dichosa suerte, escribe Rilke, la del poeta que está sentado en una habitación silenciosa, rodeado de objetos tranquilos y sedentarios, mirando el cálido reguero de sol de la tarde. Y pensar, dice, que hubiera podido llegar a ser un poeta así si hubiese podido habitar algún lugar de este mundo. Si hubiese podido habitar. Mas la tranquilidad del alma, dicen, no se encuentra en una sabiduría inmóvil y fija. Es linda cosa esperar los sucesos, le dice Sancho a don Quijote, atravesando montes, escudriñando selvas.

16.

Acaso sea preciso abandonar, como Robert Walser, *el cuarto de los escritos o de los espíritus*. Salir a buen paso a la calle. Olvidar que uno había estado incubando, sombrío, sobre una hoja de papel en blanco. Sentir, pese a todo, el eco de una cierta seriedad. Tal vez sea necesario que el semblante sea digno, que los pasos sean medidos y tranquilos. O que sea el propio oficio el de recorrer el mundo a lo largo y a lo ancho, el arte de gozar de la muchedumbre. O tal vez no, tal vez nada de ello sea preciso. Acaso todo dé lo mismo. Multitud y soledad, escribe Baudelaire, términos iguales para el poeta activo y fecundo. Todo está vacío. Para que él pueda entrar. O para que, aún mejor, decida no hacerlo.

17.

Melancolía, melancolía, escribe Philippe Soupault, aquella noche comprendí tu poder y tu servidumbre.

18.

Y escribe Louis Aragon que escribe para olvidar, que escribe sobre sus pasos, que escribe para borrar sus pasos, para perderse y para que sus versos escritos no sean otra cosa que apertura del silencio. Y escribe, desde el Pasaje de la Ópera Onírica, que nada le importa saber si la tierra es redonda, y escribe que lo concreto es lo indescriptible. Y escribe, y escribe que escribe. Y escribe, errante, desde la fragmentación y la borradura.

ALGUNAS ANOTACIONES DISPERSAS Y RETARDADAS

1.

Nunca me sucede como le sucede a Iain Sinclair en sus deambulares. Nadie me detiene, mientras camino, para preguntarme algo. Nadie quiere saber, de mí, cómo se llega a cualquier dirección concreta o dónde se encuentra cierto descampado. Intuyen, tal vez en mi cuerpo o en mi rostro, los gestos del extravío. Así que puedo continuar en la inopia, sin necesidad de retener nombres ordinarios o detalles innecesarios para mí, datos inútiles en ese momento y siempre. No hay problema. Puedo, así, al ritmo de mis pasos, seguir dándole vueltas a cualquier frase que se me haya quedado encallada por entre callejones o tapias, portalones o esquinas, terrenos baldíos o jardines. Tanto mejor.

2.

Las líneas que trazo a lápiz en los cuadernos se borran tarde o temprano. No así, como dicen que dijo el artista Hamish Fulton, las líneas que uno camina. Y aunque mis paseos no sean como los suyos (marchas de varios días, decenas de rocas acariciadas con las manos, paseos de centenares de millas), sí que dejo, a menudo, que la locura de los pájaros silencie aquello en lo que pienso. O que el murmullo de las esclusas, a la manera de Rimbaud, cubra mis pasos trazados como a lápiz.

3.

Y, aunque (Rimbaud de nuevo) los senderos sean ásperos y el aire esté inmóvil, es necesario ser peatón por entre los bosques, por entre las ciudades grandes o pequeñas. Es necesario ser naufragio y no permanecer sentado, los pies torcidos, trenzado el cuerpo a la silla mientras el sol vivo cuartea y aja la propia piel. Si hacéis que se levanten, es el naufragio, nos advierte Rimbaud. Seamos, pues, y siempre, naufragio.

4.

La palabra *poeta* siempre ha de estar en boca de otros. No en la propia. Pero sí debe estar alojado en el propio cuerpo del poeta el signo del andar errabundo y extraviado, el de ese vagabundeo por los arrabales de la razón del que habla María Zambrano. El azar, los senderos estrechos, la locura creciente que lo arroja lejos de la ciudad. En la indecisión de andar sin meta, de dar rodeos interminables, está el júbilo de quien se sabe apartado.

5.

Como la hipersensibilidad de Orlando, poeta, de quien dice Virginia Woolf que puede orientarse en Londres, sin más, por la sensación del empedrado de las calles. Curioso y melancólico andar, añade ella.

6.

¿Y el andar evidentemente anormal de los artistas? Bajo sospecha, siempre, de demencia, que así dice Piglia que lo escribió Ósip Mandelshtam. Siempre hacia el vasto rumor de los espacios vacíos, siempre escapando para esconderse.

7.

El propio Piglia dice que descubre la ciudad poco a poco. Todos los días cruza una plaza por el mismo lugar. Y así, a la manera de Richard Long, deja marcado un sendero en el césped. Me estoy haciendo un camino, afirma. Una de tantas líneas del deseo.

8.

Como bestia disfrazada de hombre o niño al que han mandado a callejear solo por el mundo, Pasolini, el poeta, se ensimisma y piensa. Mira, pienso, puedo pensar, se dice y nos dice, puedo pensar por los paseos abandonados del río, por esa periferia en la que reverberan las voces de otros paseantes. Pienso, puedo pensar también a lo largo de esa línea del deseo que es una calle azul de asfalto.

9.

A la manera del sol que desciende sobre un palacio veneciano, el sol de las cinco de la tarde a media altura del tronco de un roble también me incita a ponerme en camino. Donde el deseo se muestra delicioso, escribe Proust, es donde hay que vivir. Por ello es necesario, dice, salir a deambular por las calles para ver pasar lo que de bello existe. Lo desconocido, al fin, como conocido. Caminar para saber de todas las hermosas posibilidades que nos saldrán al paso.

10.

Pasear excita los sentidos, anota en su *Diario* el Andrés Fava de Cortázar. Y de los sentidos, a la página. Andar para comunicarse, para que lo que uno se encuentra por el camino resplandezca. No ser un mero transeúnte, mejor ser un *escritor ambulatorio*. Y recorrer los trazos serpentinos del suelo, como caminar lo escrito y escribir lo caminado. Pero, sobre todo, rechazar lo habitual, aquello que petrifica irreparablemente. En todo caso, acariciar las rocas como hace Fulton en sus marchas de varias millas y jornadas.

II.

En camino, las piernas de Simon Tanner, el personaje de Robert Walser, comparten con el propio Simon el júbilo de cualquier hallazgo por pequeño que sea. Piernas jubilosas. Él no busca nada, aunque ponga cara de buscar con premura para no llamar, como si de alguien ocioso se tratase, la atención de los demás. No buscando, sin embargo, encontrará. Incluso se detiene ante un escaparate sin mirar absolutamente nada, y aunque los demás crean que mira con atención alguno de los objetos en él expuestos. En ocasiones decide caminar rápido, como hacen los otros, y entonces le parece que hay plomo en los pies de quienes observa y le observan. Pero sí que busca, sí, mientras anda con cierto aire soñador. Busca lo flotante y lo no controlable, lo abisal, dice. Busca, a la espera y con el oído muy atento.

12.

Voy más lento, y eso es todo. Así lo recuerda, de otro que no es él, Vila-Matas en uno de sus *recuerdos inventados*. O acaso me invento, ahora, la propia lentitud, la parsimonia que creo leer en los demás. Eso sí, es necesario, como también recoge Vila-Matas, salir a la calle con las manos en los bolsillos sintiéndose uno como un príncipe. Así he de sentirme: príncipe de mí mismo.

13.

Ser fugaz y seguir siéndolo, sí, como escribe Botho Strauss. Pero sin dejar que el andar de los demás te arranque de tu propia trayectoria. No, eso nunca. Nada de trotar como un perro perdido detrás de un amo cualquiera. Eso jamás, Botho Strauss.

14.

Mientras camina por los bulevares, Julio Ramón Ribeyro escucha dentro de sí un estribillo que le dice que se vaya de una vez, sin saludos ni reverencias, como si ya hubiese cumplido su papel. Para llegar a donde debe llegar, dice, elige las calles por donde no sopla un helado viento del norte. Y, sin embargo, añade, las calles que llevan a ese lugar son las que están barridas por ese helado viento del norte. Pero pese a todo el viento posible, o aun el imposible, el empapelado de un muro, un árbol al atardecer, el vuelo de un pájaro o un rostro con el que nos cruzamos durante nuestro deambular se mantendrán imperecederos y memorables, pues lo que sigue vibrando en nosotros alimenta el poema.

15.

Camino teniendo presentes a quienes ya antes han deambulado. Escribimos porque otros ya lo han hecho antes que nosotros.

16.

Caminar por entre los bastidores de la ciudad, como hace Orhan Pamuk y como dice que hizo Gautier en Estambul. Es necesario adentrarse, porque lo que de lejos parece admirable sólo son, dice, los colores de la paleta del sol sobre las calles vulgares. ¿Sólo?, me pregunto. Conforme uno se adentra, dice él, el atractivo se pierde. O se gana, tal vez, al ver la belleza más allá del decorado teatral, en sus grietas y fisuras al sol de la tarde. En el deambular sin objetivo, Pamuk sabe que algún día hará algo con las huellas retenidas, muro a muro y calle a calle, en la memoria. Aunque tan sólo se trate de una postal antigua, una ficha de teléfono retirada de la circulación o un trozo de ladrillo caído de una pared milenaria. Cualquier hallazgo torna real la errancia. Entonces, sólo queda volver a la carrera a casa para escribir algo que describa el alma confusa y extraña de la ciudad. Se hace necesario, sí, narrar el alma caminada.

17.

A la vuelta del Rastro madrileño, donde la turba de transeúntes es indecisa y pasa desapercibida, según él mismo dice, Ramón Gómez de la Serna camina despejado y tranquilo hasta su casa. De vacío, sin peso ni nada. *Paseos epilogales*, los nombra. Ha vuelto sin nada, sin ideas. Pero respira blancuras, se coloca frente al papel completamente de nuevas, sospechando, dice, posibilidades. Otra vez en el comienzo. Como tiempo después hace también Iain Sinclair, que regresa de sus paseos londinenses al escritorio, a la habitación, a la casa, donde está permitido, dice, sentarse, permanecer quieto y esperar sin agobios a que lleguen las palabras. Retornar, satisfecho, al walseriano cuarto de los escritos o de los espíritus.

18.

Un caminante se dirige, desde los alrededores, hacia el sitio exacto en el que, al agacharse, encontrará por entre la grava el más pequeño objeto perdido. O aún mejor, hallará aquel objeto que encuentra cuando era otro el que se buscaba. Es un especialista, el caminante, en objetos perdidos. O aún mejor, en hallazgos. Es uno de tantos buscadores que llenan las páginas de Peter Handke, uno de los de la *bahía de nadie* ahora. Luego ya encontrarán, esos objetos, su lugar en la casa, al regreso. O transitarán, como el caminante, de un lugar a otro, de una habitación a otra, como les sucede a algunos de los objetos de la casa de Ribeyro. Echarán o no amarras, dice él. Encontrarán su sitio los objetos. O, con ellos, el paseante, nunca se sabe.

19.

En una de esas cartas imaginarias que escribe Tabucchi, a quien la escribe le toman el pelo dada su obsesión por caminar sin sentido, por vagar de un lado a otro. El *deambulante*, lo llaman irónicamente sus conocidos. Al autor de la carta, a Tabucchi o a quien quiera ser el remitente, esto le trae sin cuidado. Anda que te anda, repite sin cesar al narrarle a la destinataria de la carta sus historias sin lógica. Sin lógica y sin rima, dice, igual que la vida, que no obedece a rimas y en la que un trozo de historia no tiene nada que ver con otro trozo de historia. Como en el deambular a la deriva, en el que cada paso no conduce necesariamente al siguiente, sino sólo a sí mismo. Anda que te anda, sin más.

20.

Como en un deambular cualquiera, un libro puede comenzar, como así comienzan todos, de hecho, en el medio del camino. Así el inicio de *El mono gramático*, de Octavio Paz, que empieza en mitad de una frase, a mitad de camino, hablando del hecho de escoger un camino para ir hasta el fin, sin saber bien qué significan ni ese final ni la frase elegida para decirlo. No es necesario, dice Paz, hacerse preguntas sino caminar sin más, caminar *al encuentro de*, aunque no haya final, aunque no haya nadie ni nada que nos aguarde. Todo se disipa. También el camino se disipa mientras esto se escribe, mientras esto se camina.

21.

Regocijo de las piernas que saben ir hacia delante sin que la mente se entrometa. De ello habla Pierre Michon. Y de que así también se regocija la mente. Como en Petrarca, pues es caminante doble, dice Michon: como caminante y como hombre de pluma. El camino de la mente va paralelo al de las piernas. A veces coinciden, otras se libran el uno del otro. Y es que Petrarca, cuando asciende el Mont Ventoux, dice que vuela con el pensamiento y que salta de lo corpóreo a lo incorpóreo, a la vista los movimientos del cuerpo, ocultos los del alma. Caminar es, debe ser, un modo de pensar.

22.

Por donde no pasea nadie, también la propia sombra, como la de Truman Capote en alguna calle de Brooklyn, se desplaza como en las plazas blancas y brillantes de los cuadros de Giorgio de Chirico. Tan sólo niebla y murmullo, paz y luz temblorosa.

23.

Hay quienes caminan encorvados, fatigados y serios, cargando sobre sus espaldas enormes y pesadas Quimeras, sin saber ni por qué andan ni a dónde se dirigen, y ni siquiera desesperados por ello. No hay nada que comprender. Es preferible la indiferencia, como dice Baudelaire. Aunque él quede al verlos, y según su testimonio, más postrado aún que ellos. No ha de ser mi caso.

24.

En medio de una noche de barricadas, en mayo del 68, un hombre completamente desnudo pasea por entre la muchedumbre que se aparta a su paso. Nadie ríe porque es hermoso, dicen los testigos. Así lo narra Marguerite Duras. Su paso, dice, es regular, sin fatiga alguna. Es feliz caminando de ese modo, libre y desnudo. Más tarde se sabrá que ha pegado fuego a su casa, que se ha deshecho de sus bienes y de sus papeles antes de salir a pasear, liberado incluso de la felicidad. Liberado de todo, sólo queda caminar.

NOTAS A PIE DE PÁGINA
PARA UNA DEMORA

[1]Todo se deriva de esa modalidad consistente en escribir frases que parezcan notas a pie de página de otras frases que, sin embargo, no están ahí ni lo estarán jamás, y que, por lo tanto, será preciso, siempre, imaginárselas. Como una necesidad de rellenar constantemente el vacío mediante reenvíos a pie de página, incluso cuando no se tiene nada particular que precisar. El texto es definitivo, indeleble. Y eso, qué duda cabe, asusta. Sin embargo, no asustan la provisionalidad o la borrabilidad de las notas. Ni la palidez o la blandura de lo que se anota marginalmente a lápiz. Certezas, las mínimas.

[2]Es sabido que la página es un espacio habitable, transitable. La línea estrictamente horizontal, depositada (sí, depositada) sobre la hoja en blanco, traza una coordenada donde antes no había nada, señala un inicio, una dirección, un anverso/reverso. El blanco de esa página es superficie, y, como dice Italo Calvino, sólo después de haber conocido la superficie de las cosas, se puede uno animar a buscar lo que hay debajo. Pero, advierte también Calvino, la superficie de las cosas es inagotable. Escribir pues, en superficie, para perseguirse, para descubrir en el laberinto de las líneas la imagen del propio rostro, escribir para conocer la imprecisa geografía de uno mismo. Y, por entre la escritura de esas líneas depositadas (sí, depositadas), las discontinuidades, los huecos, esos intersticios blanco-sobre-blanco que ahondan, aún más, en la profundidad de esa superficie. A la manera de los vacíos blancos que en los antiguos mapas geográficos servían para significar las zonas inexploradas o de dudosa existencia. Vivimos en nuestra hoja de papel. La cercamos, dice Georges Perec. O, tal vez, somos cercados por ella, reducidos a sus 623,7 centímetros cuadrados. Habitamos en un ¿tranquilizador? inventario de palabras.

[3]Y es que la mesa no es sino un campo de operaciones. Unos pocos centímetros de madera nos separan del abismo, pero nos agarramos a esa madera porque, como nos cuenta Claudio Magris desde la suya, el naufragio puede ser también salvación. Somos, sentados a la mesa de nuestra casa, como a la mesa de un café cualquiera, exiliados del paraíso terrestre. El lugar de la escritura es esa madera fluctuante que, a merced de las olas, navega y mantiene el rumbo. Y, sobre la mesa, un plano-faro, un pliego de deseos, una agenda de bolsillo, un pisapapeles y algún que otro artículo de fantasía con el que poder percibirse a uno mismo sin temor para, como dice Walter Benjamin, ser feliz. La mesa, como sus cajones, debe ser un arsenal. Y quien se sienta a la mesa debe, o debería, ser huésped de sí mismo.

[4]Bien sabe Baudelaire que la multitud es el ámbito del pintor de la vida moderna, ese artista que elige su domicilio en lo ondulante y en el movimiento, en lo fugitivo y lo infinito. Viviendo fuera de la casa, el creador se siente en su casa en cualquier parte, oculto príncipe que goza de la atenta observación de los demás. Extraña forma de vida, sí, la de ese pintor de la vida moderna que, como el escritor-espía de Vila-Matas, se pasa la vida observando a los artistas que espían a las multitudes. Pero también sabe bien el propio Baudelaire que lo que puede verse a la luz del sol es siempre menos interesante que lo que ocurre detrás del cristal de una ventana cerrada. En ese agujero negro, dice, que es el amueblado interior de nuestras habitaciones, tal vez iluminadas por una simple candela, en ese agujero es donde realmente vive y sueña y sufre la vida. Y, como también es sabido, que así nos lo recuerda Xavier de Maistre, el placer de viajar por ese cuarto propio (ése en el que todo vive y sueña y sufre) está al abrigo de la envidia de los hombres, al abrigo de las multitudes. Hagamos, pues, zigzags, atravesemos de una punta a otra, o bien diagonalmente, nuestras habitaciones, detengámonos en los goces esparcidos por ese camino interior. Y no caigamos, no, en la afectación de perseguir ninguna senda.

[5]Porque la casa es un espacio maleable que nos permite escribir sobre las puertas, las paredes o las escaleras. Escribir y escribirnos. No hay espacio inútil. Incluso el pasillo no es sino un camino breviario, un recorrido de meditación y reescritura. Se puede decir, y/o escribir, con Beckett: «Esta casa parece ser mía. De lo contrario, no me explico que me permitan permanecer en ella». Pulimos, clasificamos, barremos, marcamos, suspiramos, apuntalamos en ella. Como también caminamos por ella de aquí para allá. Podemos declarar que una hermosa mañana nos viene en gana abandonar el cuarto de los escritos para salir a buen paso al resto de la casa. Podemos declararlo y así lo hacemos. Sin pensar demasiado, tan sólo porque nos es imprescindible.

[6]Es cierto que algunos atraviesan el umbral, que varios comen o beben o hacen el amor. Como también es cierto que al menos un par escriben a máquina, o que muchos marcan en vano números de teléfono en sus teléfonos móviles. Cierto es que los hay que lavan los platos, que duermen, que leen, que se duchan. Que azulea el azul y verdea el verde también es cierto. Y todo ello no son sino esos pequeños incidentes cargados con los atributos de lo inmenso de los que nos habla Raymond Carver. Porque al final ocurre que no ocurre nada, tan sólo dejar que la vista se mueva en círculo. Nada especial, escribe Peter Handke. Nada. Tan sólo mirar. Porque mirar da felicidad. Como escribir cuando nada llama la atención, despacio, casi torpemente, escribir sobre lo que no tiene interés, sobre lo más común y apagado. Como obligarse a ver con más sencillez, como pide Perec.

[7]En la ambigüedad del mundo en que vivimos, las palabras no quieren decir nada. La duda impide la formación de convicciones duraderas. Los hechos son amasijos de contradicciones. Ahora que está nublado se perciben mayor número de detalles en el paisaje que en días soleados. Muchas cosas las comprendemos sólo cuando escribimos, porque escribir es escrutar en nosotros mismos. Lo que quede lo hará porque algo lo hacía memorable, porque algo había en ello de imperecedero, porque nos alimenta lo que sigue vibrando en la memoria. Es por ello que esta nota 7 es toda ella palabra de Julio Ramón Ribeyro.

[8]Y así en adelante. Decir para no decir nada.

Procedencia de los textos

Torrero, estación mental, es el texto que da sentido a este libro. Sin más, pero sin menos.

Noche de los cantores ambulantes es un poema que apareció originalmente en el número 1 (2017) de la revista literaria *La Caja Nocturna*. Ha tenido varias versiones, siempre ligadas al Teatro Inevitable, y esta última tal vez no sea la definitiva.

Todos los paseos hablan del arte de desaparecer forma parte del catálogo del proyecto expositivo *El paseo. Intervenir la ciudad*, organizado y desarrollado por la galería y librería La Casa Amarilla de Zaragoza en 2017. Las fotografías de Marta L. Lázaro, que ahora ilustran este libro, acompañaban al texto en el catálogo, o el texto a ellas, y formaron asimismo parte de la exposición.

Dieciocho fragmentos para borrar la propia huella se publicó en el número 3 (2018) de la revista *La Caja Nocturna*.

Algunas anotaciones dispersas y retardadas es una colección de textos rigurosamente inédita y en construcción o reconstrucción constante.

Notas a pie de página para una demora respondía, en el 2020, a una propuesta de *La Caja Nocturna* denominada «Confinamiento nocturno».

Y en adelante...

Este libro se terminó de imprimir
el 9 de noviembre de 2023,
ciento cinco años después de la
muerte de Guillaume Apollinaire,
transcriptor de deambulares
por las calles de París.

Títulos publicados

PREGUNTA
ediciones

Relatos

Las pérdidas rojas. Chusa Garcés
Cuentos detrás de la puerta. Begoña Abad
Amor, blanco roto. Chusa Garcés
Letras de tinta. Lourdes Aso Torralba
Baños de Panticosa. Premios Literarios. Varios autores
Sobreexposición. Laura Bordonaba Plou
Desde el otro lado. Prosas concisas. Fernando Aínsa
Buscando los orígenes de aquello. Irene Achón, María Jesús Artigas, Alberto Delmalo, Ana García, Coral González, Anabel Hernández, Aitana Muñoz, María José Pardo, Eva Pardos, Elisa Pérez, Manuel Pinos, Pilar Royo
Brioleta. Encuentro de escritoras aragonesas. Lourdes Aso Torralba, María Pilar Benítez Marco, Elena Gusano Galindo, Chusa Garcés, Blanca Langa Hernández, Angélica Morales, Marta Navarro, Almudena Vidorreta
Los soñadores. Roberto Malo
Bilbilitanos en la historia. Ricardo Ramos Rodríguez
El dolor del cristal. Sergio Royo
Polar. Laura Bordonaba Plou
La prueba final y otras historias cortas. Ganadores del Certamen de Cuentos y Relatos Breves Junto al Fogaril
Viviendo en tiempo brutal. Sergio Royo
Contemplación. Franz Kafka
Zaragoza turbia. José María Tamparillas
Sabor metálico. Eva Pardos Viartola
Cuentos esféricos. Chema González
Canciones tristes que te alegran el día. Miguel Mena
Todo es agua. Begoña Fidalgo
Mar de lejos. Manuel Pinos
Sergio Royo. *Y de repente esta lluvia*
De bares y mujeres. Marta Armingol, Olga Asensio, Laura Bordonaba Plou, Clara Castán Ibarz, Begoña Fidalgo, Paula Figols, Chusa Garcés, Magdalena Lasala, Elvira Lozano, Rosa Martínez, Angélica Morales, Eva Pardos Viartola, Clara S. Mendívil, Laura Serrano
Diáspora. Isabel Gutiérrez Cía
Relatos de La Flama. María Jesús Artigas, Emilia Bayod, Marta Gascón, Clara Járboles, Merche Llop Alfonso, Abraham José Mendoza Diloy, Eva Pardos Viartola, Alfredo Pérez, Elisa Pérez Ibarra, Manuel Pinos, María José Sanjuán, Wenceslao Varona López, Gloria Verdoy
Un martes cualquiera. Laura Latorre Molins
Con voz y voto. Pioneras americanas del relato social y la ciencia ficción y tres piezas del teatro sufragista británico. Edición de Isabel Alquézar y Berta Lázaro

Novela

El último concierto de David Salas. Roberto Malo
Crónica de un deseo. Antonio Ventura
Verde mar del norte. Clara Castán Ibarz
La brújula del universo. Mario de los Santos
El eco entre la bruma. Ricardo Ramos Rodríguez

Las sombras del Imperio. Ricardo Ramos Rodríguez
La movida que te salvó. Mariano Pinós
Merecer la vida. Laura Serrano
Cariñena. Antón Castro
Los días blancos. Marta Armingol
Declive. Fernando Rivarés
Miguel Mena. *Canciones ligeras*
Hannibaal. Miguel Carcasona
Inventario de monos. Galgo Cabanas (Mario de los Santos y Óscar Sipán)
De viento y sal. Clara S. Mendívil.
Jimena. Magdalena Lasala
Catorce. Paula Figols
El silencio y su canción. Ángel Gracia
Marta. Víctor Juan
La nota muerta. Rosa Martínez
Para cenar, aire. Pedro Bosqued
Las batallas perdidas. Jaime Tomás
La fugitiva. Clara Járboles
Alcohol de quemar. Miguel Mena
La casa de los dioses de alabastro. Magdalena Lasala
Tristán. La ética del monstruo. Javier Romero Collazos
Puente de Hierro. Miguel Mena
Máscara. Ricardo Ramos Rodríguez
Leopardos en el diván. Gonzalo Fontana Elboj
Lucífugo. José María Tamparillas
Bendita calamidad. Miguel Mena
La estirpe de la mariposa. Magdalena Lasala
El colapso de la colmena. Julia Jiménez Carrera
Los Hijos de Hura. Abdelrahim Kamal
Dinero caído del cielo. Reyes Salvador
No podría estar más contenta. Marisol Aznar y María Frisa
Leitmotiv. Sergio Sarsa

Poesía

Litiasis. Manuel M. Forega
Todas las religiones son una / No hay religión natural. William Blake
Estoy poeta (o diferentes maneras de estar sobre la Tierra). Begoña Abad
AntiaéreA. Encuentro poético en Zaragoza. Carmen Camacho, Alicia García Núñez, Marta Navarro, Chus Pato, Inés Povar, Miriam Reyes, Sandra Santana, Hermanas del Hambre (Elisa Berna y Charo de la Varga)
Todo estalla dicho. Elvira Lozano
La experiencia de la poesía. Ángel Guinda
AntiaéreA II. Poesía encontrada en Zaragoza. Ajo, Eva Antón Bravo, Zhivka Baltadzhieva, Isabel Bono, Javier Corcobado, Cristina Járboles, Laia López Manrique, David Mayor, Carmen Ruiz Fleta
Diez años de sol y edad (Antología 2006-2016). Begoña Abad
Alud. Javier Fajarnés Durán
Los países de piedra. Pablo Javier Pérez López
Existe algún lugar en donde nadie. Juan Pablo Roa
Te mataré mientras vivas (Coronación supersónica). Raúl Herrero

La ciudad y el cuchillo. Javier Fajarnés Durán
Vidrieras. Laurent Tailhade
El tiempo de las alambradas. Antología poética. Antonio Orihuela
Esta vida verde. Antología poética. Lyn Coffin
Las palabras son nocivas. Antología poética. Amador Palacios
Las locuras ya no son locuras. Antología poética. Ferruccio Brugnaro
El techo de los árboles. Begoña Abad
Satirologio. Epigramas del siglo XXI. José Verón Gormaz
Caballo de mina. Gerardo Vacana
Big Bang. José Luis Esteban
Los signos en el agua. Noventa y nueve poemas. Joaquín Sánchez Vallés
Avanza el olvido. Javier Ramón Jarne
Fábrica de la seda. Miguel Ángel Curiel
Casa junto al arrecife. Enrique Ariño Gil
Trivium. Marcos Castillo Monsegur
El lenguaje de las ballenas. Begoña Abad
El libro de horas. Rainer Maria Rilke
Gran Guiñol. Miguel Ángel Ortiz Albero
Cantares y presagios. José Verón Gormaz
Marcha por el desierto. Sandra Santana
Una guitarra de contrabando. Gerardo Vacana
Diccionario de garzas y de mirlos. Pablo Javier Pérez López
Piedra y tijeras. Nacho Tajahuerce
#MedeaHaVuelto. Angélica Morales
Madres. Begoña Abad
Todas las moradas de mi aliento. Jacques Meylan
Razón de espera. Rafael Lobarte Fontecha
Poesía. Guido Cavalcanti
Tránsito. María Pilar Martínez Barca
Viejo. Sergio Gómez
Barro. Miguel Ángel Curiel
Historia del mundo antiguo. Joaquín Sánchez Vallés
Este día, este momento. Juan Pablo Roa
El miedo del doble a la soledad. Rosa Martínez
Un vuelo sin la mecánica adecuada. Pecker
Brioleta volumen 2. Poesía aragonesa en femenino. Carmen Aliaga, María Pilar Benítez Marco, Mar Blanco, Marta Domínguez Alonso, María Dubón, Ana Giménez Betrán, Reyes Guillén, Blanca Langa Hernández, Angélica Morales, Trinidad Ruiz Marcellán, Helena Santolaya y Carlota Urgel
Entre el huerto y el corral y otros versos. Gerardo Vacana
Cantar cuarenta. Cancionero completo 1983-2023. Gabriel Sopeña
Sálvida. Sofía Díaz Gotor
La fuerza de la tierra. Paula Martínez
Ahab. Antología poética. Carlos Ramos

Libro ilustrado

El dibujante de relatos. Antón Castro y Juan Tudela
La península de Cilemaga. Helena Santolaya
Marcianos. Sergio Algora y Óscar Sanmartín
La odisea de Fortunato. Pere Inglés y David Girón

No ficción

Reconstrucción. Miguel Ángel Ortiz Albero
Sahara Occidental. Cuarenta años construyendo resistencia. Varios autores
Residencia y tránsito de las letras en Aragón. Fernando Aínsa
Diario de campo de un psicólogo en un club de fútbol. Luis Cantarero
Marcelino. Muerte y vida de un payaso. Víctor Casanova Abós
Aragón en el sistema solar. Carlos Garcés Manau
Los poetas malditos. Paul Verlaine
Poetas y poéticas. Ensayos. Amador Palacios
Del espejismo de la revolución a la venganza de la victoria. Guerra y posguerra en Barbastro y el Somontano (1936-1945). José María Azpíroz Pascual
Nerín. Memorias compartidas. Varios autores. Edición de Rafael Latre
Sahara Occidental. Del abandono colonial a la construcción de un estado. Varios autores
El hombre elefante. Frederick Treves
Pasaron por aquí. Antón Castro
Nacer para aprender, volar para vivir. Un acercamiento a la poesía de Begoña Abad. José María García Linares
¡Cállate, papá! Padres y violencias en el fútbol industrial. Luis Cantarero
Metodologías activas en el aula. Innovación educativa para fomentar el aprendizaje significativo del alumnado. Pablo Usán Supervía y Carlos Salavera Bordás (coords.)
Gamificación educativa. Innovación en el aula para potenciar el proceso de enseñanza-aprendizaje. Pablo Usán Supervía y Carlos Salavera Bordás (coords.)
El viaje exterior. Ensayos censores IV. Manuel Martínez-Forega
Teruel. Otra dimensión. Juan Villalba Sebastián
Opiniones de mujeres. María Domínguez
La guerra de los robots. Cómo la tecnología está cambiando los conflictos armados. Francisco Rubio Damián
La escritura por venir. Ensayos sobre arte y literatura en los siglos XX y XXI. Sandra Santana
La vida al alcance de la mano. La discapacidad a través de mi historia. Álex Sánchez
El viaje exterior. Ensayos censores V. Manuel Martínez-Forega
El camino de la serpiente. Escritos ocultistas. Fernando Pessoa
La jota, aragonesa y cosmopolita. De San Petersburgo a Nueva York. Marta Vela
El bazar infinito. Rutas y mares entre Oriente y Occidente. Alberto Cebrián
Ríos que mueren sin mar. Viaje por las culturas de Asia central. Enrique Ariño Gil
Humanizar el fútbol. Deporte y transformación social. Julio Salinas y Luis Cantarero (coords.)
Tú eres antes que todo. Correspondencia de Ramón Acín y Conchita Monrás. Víctor Juan
Adolescentes del siglo XXI. Técnicas de liderazgo parental. Marisa Felipe
Aurora y la celiaquía. Laura Marín
Zaragoza. Historias de ida y vuelta. Miguel Mena
Aragón. Formas de ser. Miguel Mena
Viaje al mar. Diario de un nabatero. Kike Fernández
Un violinista en el Titanic. Tribulaciones de un heterodoxo. Ángel Garcés Sanagustín
Diario del último año. Florbela Espanca
Juan de Velasco, primer maestre de campo de la Ciudadela de Jaca. Marcos Mayorga
Creatividad de andar por clase. Asunción Porta
Albarracín. Un viaje en el tiempo. Juan Villalba Sebastián
Diálogos en cautividad. Antón Castro
Deambulatorio. Miguel Ángel Ortiz Albero

Infantil y juvenil

La Dama, el Duende y el Rey. Tres leyendas aragonesas. Roberto Malo, José María Tamparillas, Daniel Tejero y David Guirao
Moflete, el elegante. Agustín Porras y Arturo García Blanco
La ardilla poeta y el futuro del planeta. Pilimar Aguilar y Xcar Malavida
Moflete ya sabe contar. Agustín Porras y Arturo García Blanco
Agentes del futuro. María Frisa y Xcar Malavida
Minicó dice no. Nerea Mur
El príncipe que cruzó allende los mares. Roberto Malo, Francisco Javier Mateos y David Guirao
De tu abrazo a las estrellas. Victoria Alcalde y Ruth Alarcón
Mocoloco y Flemalarga. Nines Barcelona y Nerea Mur
San Jorge y el dragón. Daniel Nesquens y David Guirao
Antes de las nueve. Pablo Ferrer, Paula Figols, Marina Santos y Christian Peribáñez
Erny, el monstruo de la Laguna Negra. María Álvarez e Irene Campos
Lex, el Tiranosaurio Rex. Roberto Malo, Daniel Tejero y Blanca Bk
La ardilla poeta y su libro de recetas. Pilimar Aguilar y Xcar Malavida